当代青少年"中国梦"教育读本

强国之梦

中华民族伟大复兴征程中的先驱者

主编 项亚娟

参编 谢 伟 李林杰 吕志宏 项泽忠
汤 洁 唐澜波 周 晓 徐 菲
项龙康 杨雪奎 江国和

WUHAN UNIVERSITY PRESS
武汉大学出版社

图书在版编目（CIP）数据

强国之梦：中华民族伟大复兴征程中的先驱者/项亚娟主编.—武汉：武汉大学出版社,2018.3（2020.6重印）
当代青少年"中国梦"教育读本
ISBN 978-7-307-20064-7

Ⅰ.强… Ⅱ.项… Ⅲ.爱国主义教育—中国—青少年读物
Ⅳ.D647-49

中国版本图书馆 CIP 数据核字（2018）第 043988 号

责任编辑:聂勇军　　　责任校对:李孟潇　　　版式设计:马　佳

出版发行:**武汉大学出版社**　　（430072　武昌　珞珈山）
　　　　　（电子邮箱:cbs22@whu.edu.cn　网址:www.wdp.com.cn）
印刷:武汉中科兴业印务有限公司
开本:720×1000　　1/16　　印张:17.5　　字数:251 千字　　插页:1
版次:2018 年 3 月第 1 版　　2020 年 6 月第 4 次印刷
ISBN 978-7-307-20064-7　　　定价:32.00 元

复兴"寻梦人"列表

寻梦人（一）

林则徐　　魏源　　严复　　康有为　　梁启超　　薛福成

马建忠　　章炳麟　　关天培　　邓廷桢　　邓世昌　　刘永福

冯子材　　左宗棠　　谭嗣同　　林旭　　孙中山　　黄兴

陈天华　　邹容　　林觉民　　徐锡麟　　秋瑾

1

郑观应　　　　陶行知

寻梦人(二)

李大钊　　董必武　　陈潭秋　　李达　　李汉俊　　邓恩铭

朱德　　刘伯承　　贺龙　　任弼时　　叶挺

寻梦人(三)

夏明翰　　邓中夏　　蔡和森　　赵世炎　　罗亦农　　张太雷

陈延年　　彭湃　　瞿秋白　　方志敏　　刘志丹　　向警予

| 董存瑞 | 邱少云 | 黄继光 | 刘胡兰 |

寻梦人（四）

| 张学良 | 杨虎城 | 佟麟阁 | 赵登禹 | 张自忠 | 戴安澜 |

| 杨靖宇 | 吉鸿昌 | 左权 | 彭雪枫 | 项英 |

寻梦人（五）

| 詹天佑 | 李四光 | 华罗庚 | 茅以升 | 王淦昌 | 钱学森 |

| 朱光亚 | 钱三强 | 邓稼先 | 周光召 | 屠守锷 | 王大珩 |

黄纬禄　　　罗阳　　　杨利伟　　　王选　　　焦裕禄　　　孔繁森

雷锋　　　　　王进喜　　　　　时传祥　　　　　张秉贵

孟泰　　　　　王崇伦　　　　　向秀丽

赵梦桃　　　　　袁隆平

前　言

2012年11月29日，习近平总书记在国家博物馆参观"复兴之路"展览时，向全世界庄严昭告了"中国梦"——我以为，实现中华民族的伟大复兴，就是中华民族近代以来最伟大的中国梦。因为这个梦想，它是凝聚和寄托了几代中国人的夙愿，它体现了中华民族和中国人民的整体利益，它是每一个中华儿女的一种共同期盼。

这，既是一次历史承诺，更是一次政治宣示！

中国梦核心就是实现中华民族的伟大复兴。它的基本内涵就是实现国家富强、民族振兴、人民幸福。

中国梦的提出，既生动形象又富有感召力，中国梦昭示的是中华民族的一种血气、一种骨气、一种志气！

中国梦一经提出，立即在社会各界引起广泛共鸣，从报纸荧屏到街头巷尾，从QQ群到微博，中国梦成为激荡神州大地、承载亿万海内外儿女梦想和重托的热门词语。

百年坎坷复兴路，世纪沧桑强国梦。

实现中华民族的伟大复兴，需要几代人的努力，不能割裂历史看待中国梦，不能忘记先驱人物的寻梦过程。尤其是近现代以来，从鸦片战争到甲午海战到戊戌变法，从孙中山领导辛亥革命摧毁封建帝制到毛泽东带领中国共产党和中国人民创建中华人民共和国，以及邓小平、江泽民、胡锦涛、习近平等党和国家领导人带领全国人民继续奋斗，一代又一代共产党人披荆斩棘攻坚克难，开辟和发展中国特色社会主义道路……多少仁人志士舍生取义，无数英雄豪杰奋起抗争，古老中华民族踏上了一条充满悲壮、充满艰辛而又浩气长存的复兴之路。在波澜壮阔的寻梦征程中，回响着中华民族伟大复兴的铿锵脚步声，回响着他们努力拼搏的世纪呐喊。

基于此，本书以1840年为起点，选取一个多世纪以来，在寻梦征程中的先驱人物，通过精炼的文字，讲述他们上下求索、苦苦追梦的历程。在这一个多世纪里，寻梦者成千上万，他们的身影不可能全部列入本书，我们选取的标准主要是依据"复兴之路"展览中陈列的先驱人物，并结合由中宣部、中组部、共青团中央、解放军总政治部等部门共同组织评选的"100位为新中国成立作出突出贡献的英雄模范人物"和"100位新中国成立以来感动中国人物"中的英模人物，以及出现在中小学课本中的历史正面人物。这一串串闪光的名字，虽然年代不同，事迹也不一样，但其精神实质都是一致的，都拥有坚定的理想信念和崇高的人生境界。他们是民族的脊梁、时代的先锋、祖国的骄傲，也是对青少年进行爱国主义教育和中国梦教育最生动、最直接的素材，是激励全体人民团结奋斗的精神力量。

需要说明的是，对于毛泽东、周恩来、刘少奇以及邓小平、江泽民、胡锦涛、习近平等几代党的领导核心人物，他们作为领袖，业绩光照日月，功勋传万代，仅靠笔者的一支秃笔，不能道其万一，因此本书对他们没有单独成篇讲述，敬请读者理解和谅解。

本书在编写过程中参考了国家各级纪念馆、党史馆等相关部门的宣传网站，也参考了前人撰写的相关资料，对他们的辛苦付出表示衷心的感谢！

本书在编写过程中虽然倾尽全力，但由于编者水平所限，难免会出现疏漏或错讹之处，恳请读者批评指正。

青少年是人生的重要阶段，是树立正确的人生观、世界观、价值观的关键时期。中国梦是全体中国人的梦，更是我们每一名青年学子的梦，要实现中华民族的伟大复兴这一中国梦，需要广大青年的接力奋斗。我们也期望在实现中国梦的过程中，推动对青少年爱国主义教育活动的深入开展，进一步弘扬伟大的爱国主义精神，能够在全社会唱响共产党好、社会主义好、改革开放好、伟大祖国好、各族人民好的时代主旋律。这也是本书出版的目的之一。

没有梦想的民族是可悲的，对美好梦想没有坚定不移、矢志不渝追求精神的民族同样没有前途。自强不息、坚韧不拔是中华民族固有的精神基因。

诚如习近平同志所昭告的："勿忘昨天的苦难辉煌，无愧今天的使命担当，不负明天百年激荡，百年抗争，百年奋起，中华民族伟大复兴的中国梦，正奏响人类文明中美轮美奂的世纪交响……"

愿以此句与广大青少年朋友们共勉！

编者

2018 年 1 月

目　录

1

第二章　马列春风　风雨如磐

第三章 峥嵘岁月 舍生取义

第四章 抗战英烈 光照日月

第五章　巨龙腾飞　圆梦有时

第一章

千年局变　睡狮醒来

林则徐：苟利国家生死以

林则徐是一代名臣。他从政 40 余年，虽为汉人，却大力维护清王朝的统治；他是名副其实的地主阶级改革派，却在民族危难之时挺身而出；他是秀才出身，但会主动学习西方先进科技和军事技术，抵抗外国侵略；他有着忠君爱国的传统思想，但也有着"开眼看世界"的先进思想，他对中国近代的思想启蒙起到了不可磨灭的作用。

乾隆五十年七月二十六日（1785 年 8 月 30 日），林则徐出身于福建侯官一个下层封建知识分子的家庭里。一家 13 口人靠着父亲微薄的薪水度日。尽管家境贫寒，但对林则徐的教育一直没有落下。26 岁时，林则徐会试中选，从此步入官场。

嘉庆二十五年（1820 年）二月，林则徐任江南道监察御史。当时河南南岸河堤缺口，时任河南巡抚的琦善治水不力，导致水灾时常发生。由于琦善的满族背景，许多官员对他的所作所为都睁一只眼闭一只眼。但是林则徐却不惧权贵，上奏请求罢免琦善，最后当然没有任何效果。气愤之余，林则徐对官场产生厌倦，不久后便罢官。

道光帝登基后，听闻林则徐的贤名，破格召见林则徐，为他复职。受到道光帝青睐的林则徐从此平步青云。道光三年(1823年)至道光十七年(1837年)，林则徐前往江苏、陕西、湖北等多地任职，在职期间整顿吏治，大力治水，各地百姓都对他称赞不已，称其为"林青天"。

道光十八年(1838年)，道光帝命林则徐为钦差大臣，赴广州禁烟。年过半百的林则徐，还不知道他即将面对的是一场狂风暴雨。

当时早已完成工业革命的英国，将中国看做一个庞大的资源产地和市场。他们将鸦片运到中国贩卖，获取暴利后再把中国的茶叶、生丝等运到英国。此消彼长之下，中国的白银大量外流。同时，由于吸食鸦片，中国军队战斗力严重下降，民众的身体状况也每况愈下。

目睹这一切的林则徐愈发坚定了禁烟的决心。

初到广州的林则徐就采取了雷霆行动，掌握了第一手资料后，他命令所有烟商交出鸦片，并承诺以后不再贩卖鸦片。但是大部分烟商都不为所动。

外国的烟商们都觉得林则徐好对付，以为随便交一些鸦片就能应付过去。于是他们采取拖延的手段，以要先成立委员会作报告为由，不给林则徐一个确定的答复。面对这些奸诈的外国烟商，林则徐令他们限时交出鸦片，但是烟商们只是象征性地交出了一千多箱。

于是，林则徐命人带兵围困烟商行，撤出了其中的华人，将300多名外国商人困在其中，断水断粮。最后，英国商务监督义律被迫交出了两万多箱鸦片。令人叹服的是，从林则徐抵达广州上任，到义律交出鸦片，只用了短短的18天。

随后，林则徐将收缴来的所有鸦片，在虎门当众销毁，总共两百三十七万六千二百五十四斤。

在帝国列强用坚船利炮打开中国国门的时候，被称为"开眼看世界第一人"的林则徐首先认识到，中英两国的军事力量是不对等的，因此他提出，要改变军事技术的落后状态，就要制炮造船；要抵御外侵，就要知己知彼，他亲自召集人手，组织翻译国外书刊报纸，又将英国人慕瑞的《世界地理大全》，编译为《四洲志》，较为系统地介绍了世界各国的情况；为了适应当时斗争和外交需求，林则徐甚至还命人编译了《国际法》，是中国引进国际法的第一人。

林则徐的这些所作所为大大促进了西学东渐思想的传播，他是当之无愧的爱国者和民族英雄。但是恶劣的时代环境，让他的抱负终究无处施展。鸦片战争爆发后，因为禁烟和抗英，林则徐成为"罪臣"，被流放达四年之久。

道光二十五年（1845年），已经60岁的林则徐被重新起用，调任陕甘总督、云贵总督，他在最后的任上充分发挥了自己的余热。

五年后，林则徐受命以钦差大臣的身份去剿灭太平军。但是重病未愈的林则徐再也支撑不起这个腐朽的大国，在赴任途中一病不起，享年65岁。

魏源：变古愈尽，便民愈甚

人物名片

　　魏源(1794—1857年)，湖南邵阳隆回金潭(今隆回县司门前镇)人，名远达，字默深，又字墨生、汉士，号良图。晚清著名思想家、政治家，道光二十五年(1845年)进士，官高邮知州，晚年归隐山林，潜心佛学，法名承贯，是"睁眼开世界"的先进爱国者之一。

　　魏源是积极投身于反帝反侵略的爱国学者。他主张改革政治制度，强调中国社会应该与时俱进。他提出"天下无数百年不弊之法，无穷极不变之法，无不除弊而能兴利之法，无不简易而能变通之法"的主张。他关心民事，注重经济发展，要求朝廷革除经济层面各类弊端以利国计民生，认为"变古愈尽，便民愈甚"，对后来的资产阶级维新变法产生了积极的推动作用。

　　魏源从小苦读经史，刻苦求学，考中了秀才。后来，魏源参加礼部的会试落榜。这时农民起义连连，战火纷飞，在落榜失落的心境下，魏源更预感到了清王朝正处于风雨飘摇之中。

　　道光二十年(1840年)鸦片战争爆发后，失落之意终化为愤懑之情，进一步激发了他的爱国之情。他成为了一个以救亡图存为己任的进取者。

　　道光二十一年(1841年)，魏源进入两江总督裕谦的幕府，参与了抗英战争，亲临前线，沐浴战火。但是眼见投降派占据主导的清政府腐朽不堪，魏源便辞官而归，著书立说。

魏源和林则徐一样，都是"睁眼看世界"的进步人士。两人结识后，颇有惺惺相惜的意味。按照林则徐的嘱托，魏源根据林则徐的《四洲志》，编成了划时代的著作《海国图志》。这是一本囊括世界地理、历史、政治、制度、经济、宗教、历法、文化、物产的百科全书式巨著。一位"位卑未敢忘忧国"的读书人，用自己的方式，对振兴国脉做出了自己的积极探索。

魏源表示，创作《海国图志》的目的，就是"师夷长技以制夷"。他将西方的风土人情写给国人看，自然是希望能够找到打败他们的方法。中国古代的兵法讲究"知己知彼"，说的也正是这个道理。他提出用西方的选兵、养兵、练兵之法，改革中国军队，提出"以甲兵止甲兵"。对于经济、政治和社会生活的方方面面，魏源都提出了初步的改革措施。

这本书的出现，极大开阔了国人的眼界。它将西方社会生活的各个方面，事无巨细地详细介绍，使得国人对"夷人"有了比较全面系统的认识。从魏源开始，社会上掀起了一股向西方学习的风气。不得不承认，魏源在这个过程中功不可没。

魏源对中华民族的振兴始终充满信心，认为"中国智慧无所不有"，相信中国人民有能力驾驭西方的先进技术，终有一天，可以做到"不必仰赖于外夷"。然而，清王朝的腐朽统治已经烂到骨子里，救无可救。对清朝失去了信心的魏源，不再过问政治，转而潜心修佛。最后，他怀着对朝廷的失望和对未来的憧憬郁郁而终，终年63岁。

严复：以开民智为最急

人物名片

严复（1854—1921 年），原名宗光，字又陵，后改名复，字几道，汉族，福建侯官人，近代著名的翻译家、教育家。曾担任过京师大学堂译局总办、上海复旦公学校长、安庆高等师范学堂校长，清朝学部名辞馆总编辑。他给李鸿章的北洋水师带来了西方先进的海军思想理论体系。他翻译的《天演论》有着深远的社会影响。

对于现代教育体制，我们每一个人都非常熟知。"德智体"全面发展，更是大家从小就会喊的口号。但是可能很少有人想过，从只重视儒家"经史子集"和"三纲五常"的传统教育，到主张全面发展的现代教育，中间经历了怎样的变革呢？这看似平常的变革背后，离不开"严复"这个名字。

生于中医世家的严复，从小接受的是传统教育。父亲病逝后，严复放弃了科举的"正途"，转而学习西方先进技术。从福州船政学堂和英国的皇家海军学院毕业后，他得到李鸿章的重用，参与海军建设。但由于跟李鸿章理念不合，最终两人分道扬镳。

甲午中日战争中国战败的消息传开，严复知道，如果这个帝国依然腐败下去，那么迟早会轰然倒塌。在中华民族危亡的生死关头，严复翻译了英国生物学家赫胥黎的《天演论》。这本书的问世，产生了巨大的社会反响。他用一本精彩的西学著作，给国人上了生动的一课。

《天演论》一书，看似是讲物种淘汰，但其实主题直指中国的国情。正如他翻译的《天演论》中所言，物竞天择，适者生存。只有维新求变，才能挽救国家和民族的危亡。回想甲午中日战争惨败给日本的惨状，严复在书中发出了强有力的呐喊，呼吁国人奋起抗争，不能眼睁睁看着祖国被淘汰。

《天演论》出版以后，这种优胜劣汰的思想很快蔓延开来。在之后的十几年间，该书发行了30多种不同的版本。这不仅得益于赫胥黎优秀的原著作品，更离不开严复的翻译。著名的翻译准则"信"、"达"、"雅"就是严复提出的。他在翻译《天演论》时，并不是直译，而是结合自己的理解和中国的社会背景，将《天演论》成功本土化了。鲁迅提到严复时也说："严复毕竟是做过《天演论》的。"他不用"译"字，不用"写"字，单单用了一个"做学问"的"做"字，就能说明很多问题。

此后，严复开始竭力宣传他的维新思想。他的维新思想和主张"中体西用"的"洋务派"也不同。他认为，学习西方，就要"体用一致"。他提出，要想改善当前国家的境况，就要做到三点，即"鼓民力"、"开民智"和"新民德"。其中，最重要的就是"开民智"。为此，他提倡"教育救国"的观点，十分重视对国人的教育。

1912年，京师大学堂更名为北京大学之后，严复出任校长。虽然这个校长他只当了半年，但他对于北大创立初期的贡献，可以说是无出其右。更名之后的北京大学经费紧张，几次险些停办。为了北大的生存，严复不得不四处奔走，积极筹借办学经费，在他的努力下，北大才得以继续兴办。

一波未平一波又起。教育部认为教师薪酬过高，决定将超过60元的月薪全部调整为60元。这无疑引起了北大教师的不满。严复先主动降薪，又为其他人据理力争，说这样会打击教师的积极性，才勉强保住了教师们的待遇。

后来教育部拟停办北京大学，严复用一篇言辞犀利的《论北京大学校不可停办》一文，使得教育部放弃了这个打算，他也因此得到了全校师生的爱戴。但是因为多次抗命，教育部已对严复失去了耐心，从学校长远发展考虑，重压之下的严复采取引咎辞职的策略以保全学校。

　　一直在践行自己"教育救国"理论的严复,几乎不碰政治。他主张变法维新,但是从来不参与。他只在教育界,凭借自己的影响力,在"开民智"这件事上奉献了自己毕生的精力。眼光放于世界,心系于中国,严复就像黑暗中的一根火柴,虽然照亮不了世界,但他点亮了希望。

康有为：取日新以图自强

人物名片

康有为(1858—1927年)，原名祖诒，字广厦，号长素，广东省南海县人。康有为是中国晚清时期重要的政治家、思想家、教育家，也是资产阶级改良主义的代表人物。他领导了著名的"公车上书"和"戊戌变法"，是资产阶级对变革求新的一次尝试，起到了思想启蒙的作用。

光绪二十一年(1895年)，甲午中日战争失败的消息传到皇宫，光绪帝重重地叹了一口气，满朝文武也没有一人敢说话，都把头埋下去，生怕皇上拿自己问罪。这时有一个大臣上奏，说进京赶考的一帮学子无故聚集，好像在图谋什么。光绪帝毫不在意地摇头，一群书生能兴起什么风浪来？

一个叫康有为的读书人给了光绪帝答案。

康有为出身于一个官僚地主家庭，自幼学习传统儒家文化和理学体系。但是随着阅读量的增长和知识面的开拓，康有为渐渐意识到了传统文化的局限性。对资本主义制度有所了解之后，在西方思想和社会现实的双重刺激下，康有为萌发了改良思想。

1895年的甲午中日战争是一个契机。这次战争的失败和《马关条约》的签订，将民众"天朝上国"的美梦彻底击碎。康有为和一群科举考生齐聚北京，策划着给皇帝上书，欲变革制度以挽救民族危亡。

康有为写下一份一万八千字的变革意见书，北京1300多名群情激奋的考生都在上面签下自己的名字，史称"公车上书"。这份上书被提交到清廷，要求朝廷通过变法来改变中国落后的面貌，富国强民。上书内容包括拒和、迁都、练兵和变法的各项主张。但是，光绪帝并没有看到上书的内容，变法也就无从谈起。

其实早在1888年，康有为就上书过一次，提出了变法的纲领，但是没有被采纳。如今第二次被拒绝，康有为仍然没有放弃。"公车上书"失败后，康有为中进士，入朝为官。他又连上两书，建议光绪帝广纳人才，变革政治制度，设立议院。其后两年，康有为不断上书，建议光绪帝改革，但是大多被反对派拒绝代呈，因此光绪帝根本看不到他的上书。

1897年冬天，德国派出军队强占了胶州湾。接着，帝国主义掀起了瓜分中国的狂潮。清政府无端受辱，却无能为力。人为刀俎，我为鱼肉，只好任人宰割，这是大多数朝廷官员的想法，但是光绪帝不这样想，他想要国家富强。

次年1月，光绪帝命康有为写下详细的变法纲领。喜不自胜的康有为立即呈上了《应诏统筹全局折》，又将他之前所写的《日本明治政变考》和《俄罗斯大彼得变政记》呈给光绪帝，希望清政府能够借鉴日本和俄国成功的资本主义变革经验。

6月，光绪帝召见康有为，任命他为总理衙门章京，筹备变法事宜。因为1898年是农历戊戌年，所以这次变法史称"戊戌变法"。

为了维护国家利益，挽救民族危亡，康有为在北京发起成立了"保国会"，其宗旨是"保国、保种、保教"。保国会为戊戌变法造足了声势，为变法铺平了道路。但是保国会也激化了与顽固派的矛盾，不久就被解散。

除了成立保国会，康有为还采取了一系列措施，对政治、军事、经济等方面都提出了新的制度。改革在不触动封建统治的前提下，要求发展资本主义，制定宪法，废除科举，操练军队和改良社会风气。

但是好景不长，改革派的势力很快被压制了下去。以慈禧太后为首的顽固势力掌握了朝中的军政大权，使得改革无法进行下去。后来慈禧太后发动"戊戌政变"，软禁了光绪帝，杀了著名的"戊戌六君子"，康有为等人也流亡海外，戊戌变法以失败告终。

戊戌变法的失败不是无意义的。在戊戌变法期间颁布的改革措施，推动了清政府的自我革新进程。更重要的是，它在社会上起到了思想启蒙的作用，"变法"的观念深深植入了民众的心里，这为辛亥革命的成功奠定了坚实的基础。

梁启超：朝受命而夕饮冰

人物名片

梁启超(1873—1929 年)，字卓如，一字任甫，号任公，又号饮冰室主人、饮冰子等。清朝光绪年间举人，中国近代思想家、政治家、教育家、史学家、文学家。参加领导了著名的戊戌变法，是维新派的代表人物。后来又提倡"诗界革命"和"小说革命"，是近代文学革命的倡导者。

梁启超是近代历史上又一位传奇人物。在他身上，发生过一件让人感慨良多的事情。他因尿血症入住协和医院时，因为医生的失误，在手术中割错了肾，结果社会舆论都将矛头指向了医院和西医。梁启超却为医院辩解，说不能以自己的病为借口，阻碍中国医学的进步。

梁启超就是这么一个人，维新变法的思想已经深深地刻在他的脑海中。他清楚地知道，中国要富强，不光是政治制度或军事制度的问题，而是社会生活的方方面面，都要变革。

和当时很多学者一样，梁启超受传统的儒家教育长大，一度以能入朝为官作为自己的人生目标。后来，残酷的社会环境和时代背景，使他放弃了这条路，转而开始思考救亡图存的真理。

1890 年秋，梁启超结识了康有为。梁启超被康有为的学识见解和以布衣上书要求改革的勇气打动，成为他的弟子。从此，梁启超抛弃了从前所学，跟着康有为接触到了维新思想，走上了一条截然不同的道路。这条路还没有人成功过，但是梁启超认为，跟着康有为，他们或许能够改变什么。

1895 年，梁启超和康有为进京参加会试。此时，《马关条约》签订的消息传来，考生们都愤慨不已。在康有为的示意下，梁启超鼓动各省上书，拒绝议和。之后，两人带头发起了"公车上书"，向光绪帝进言改革事项，无果。

遭受挫折之后，梁启超没有放弃。不久后，康有为创办《万国公报》，梁启超为主要撰稿人。利用这份报刊，梁启超大力宣传维新理论，将变法的观念广泛传播。梁启超本人的知名度也水涨船高，成为维新派的领袖之一。《万国公报》成功后，黄遵宪等人创办的《时务报》也请梁启超担任主笔。梁启超用尖锐犀利的文字和透彻的说理，让这份报纸风行一时。

1897 年 11 月，德国出兵强占胶州湾。从此，帝国主义开始争相瓜分中国领土。康有为赶到北京开展救亡活动，梁启超也参与其中。后来，光绪帝下定决心变法，梁启超作为领导者之一，开展了一系列改革措施。但是戊戌变法失败后，慈禧太后将变法期间颁布的法令全部废除。

无奈，梁启超逃出北京，开始了他的流亡生涯。

在日本，梁启超继续宣传维新思想。他的维新思想与洋务派的意见不同，因为他想要变革政治制度。孙中山推行的民主思想也与他不同，因为梁启超还是赞成保留皇室，实行君主立宪制。为此，他与资产阶级的革命派展开了旷日持久的论战。

1912 年，溥仪退位，袁世凯就任临时大总统，梁启超也结束了长达 14 年的流亡生涯。他回国后利用自己的名望，组建了进步党，和宋教仁组建的国民党相对抗。在此期间，他一直对袁世凯竭力维护，并抨击革命党人。当袁世凯称帝的消息传来，梁启超才醒悟过来，下定反袁的决心。

袁世凯病亡后，梁启超错误估计了形势，投靠了腐朽的北洋政府。他的政治生涯，因此染上污点。但是他在文学界和史学界的作为，又能驳得质疑者们哑口无言。在学术研究上，梁启超先后提出了"诗界革命"、"小说革命"和"史学革命"，对旧的文学理论和思想进行了一定程度的革新。

1929 年，梁启超病逝，享年 56 岁。梁启超对于近代的中国来说，贡献远远大于他在政治上的方向性错误。他的资产阶级思想为后来的革命者们开辟了道路，他的学术成果为新文化运动积累了一定的经验。他一生笔耕不辍，著作等身，在政治、文学、思想、史学等各个领域都留下了自己的印记，是一位堪称百科全书式的人物。

薛福成：位卑未敢忘忧国

人物名片

薛福成(1838—1894年)，字叔耘，号庸庵。江苏无锡人。是近代著名的散文家、外交家，也是洋务运动的主要推动者之一、资本主义工商业的发起者。著有《庸庵文编》《庸庵海外文编》《筹洋刍议》《出使四国日记》等书。

薛福成是会带兵的秀才，也是会布置海防的外交官，是治国的能臣，也是改良思想的理论家。他在政治、军事、外交、文学、思想多个领域均有建树。虽为曾国藩著名的四门徒之一，但其成就与声誉不在曾国藩之下。或许后世想起他的时候，只能够记起他为当时屡弱的中国外交做出的重大贡献，但是对这样一位爱国者来说，这就足够了。

道光十八年(1838年)，出身于书香门第的薛福成，在父母的庇佑下，度过了无忧无虑的童年。在年幼的薛福成心中，没有比科举更重要的事情了。咸丰三年(1853年)，太平天国起义军攻占南京，一心只读圣贤书的薛福成，终于意识到自己身处乱世的事实。在父母的庇佑之外，不是歌舞升平也不是青山绿水，而是战火纷飞和支离破碎。

第二次鸦片战争爆发后，英法联军在中国东南沿海地区肆无忌惮地烧杀抢掠，而清政府无力抵抗，只能任人宰割，这让薛福成心中燃起了一股复仇火焰，他开始研读经世之学，寻求救国之道。

同治四年(1865年)夏，清廷派兵镇压农民起义军捻军，不料接连失利。形势所迫，清廷不得不派遣两江总督曾国藩带兵北上。曾国藩在沿途张榜招贤，广求人才。薛福成闻讯后，决定投笔从戎，当即写下洋洋万言的《上曾侯书》。曾国藩读罢，非常认同薛福成的主张。曾国藩将薛福成收为自己的幕僚，两人在军事和政治等问题上频繁交流。

因为受到曾国藩器重，薛福成被保荐为候补同知、直隶州知州并赏加知府衔。然而这只是一个虚职，对于想要施展自己抱负的薛福成来说，远远不够。1872 年 3 月，曾国藩病死，失去依靠的薛福成没有受到朝廷重视，只能蛰伏在家。

同治皇帝病故后，四岁的光绪帝登基，这样，朝廷的实权掌握在慈禧太后一人手中。薛福成抓住慈禧广开言路的机会，挥毫写下了《治平六策》《海防密议十条》等多条整顿内政发展工商业的措施。随即，朝廷采纳了薛福成的意见并付诸实施，薛福成也因此在朝野上下一夜成名。

光绪元年（1875 年），薛福成加入李鸿章幕府。第二次鸦片战争结束后，英国为了确保获得中方赔款，强迫中国答应由英国人担任总税务司来管理海关，意图控制关税。光绪五年（1879 年），担任海关总税务司的英国人赫德想要兼任总海防司，意欲掌控中国海军。深知此人野心不小的薛福成极力反对此事，他告诉李鸿章，如果让他掌控了中国的关税和海防，必然后患无穷。

为了逼迫赫德放弃这一打算，薛福成向朝廷献计，赫德如果要担任总海防司，就必须放弃总税务司的职位。结果不出薛福成所料，贪财的赫德不愿放弃总税务司这个肥差，于是控制中国海军一事也就没能得逞。

在担任李鸿章幕僚期间，薛福成写下了《筹洋刍议》《酌议北洋海防水师章程》。李鸿章对他提出的政治主张非常赞同，并根据他的构想创立了北洋水师。光绪八年（1882 年），直隶总督张树声在接受了薛福成的建议之后快速平定了朝鲜之乱。显示出了自己卓越的政治才能之后，薛福成终于被朝廷授予了一个实职——四品宁绍台道，重点负责海防。光绪十年（1884 年），中法战争爆发，薛福成因重于防务，指挥军民重创了法国军舰，升为布政使。

光绪十五年（1889 年），薛福成担任出使英国、法国、意大利、比利时四国大臣。"弱国无外交",出使外国并不是个好差事,但薛福成还是义无反顾地去了。在出使各国的途中,他四处观光游历,考察欧洲社会的物质文明和精神文明,极大地开拓了自己的视野,改良思想得到升华。

光绪十八年(1892年),中英两国就滇缅边界划分和通商条约等问题进行了多次谈判。薛福成依靠国际公约,据理力争,迫使英国签订了《续议滇缅界务商务条款》,使中国收回了滇边部分领土和权益。这对大半个世纪以来都是签订不平等条约的中国来说,不能不说是空前的成功。

光绪二十年(1894年),薛福成离任回国。5月28日到达上海。因一路辛苦劳累,又染上流行疫病,于6月19日深夜病逝,终年56岁。

马建忠：站在时代前列的社会改革家

人物名片

马建忠(1845—1900年)，别名乾，学名马斯才，字眉叔。江苏丹徒(今江苏镇江)人，是晚清时期的外交家、学者。思想激进，积极学习西方文化，其理论和著作为中国的社会改革起到一定的推动作用。精通语言学，著有《马氏文通》，是中国第一部较为系统的语法著作。

马建忠是近代资产阶级改良主义的代表人物。他身处洋务运动的圈子中，但眼光远远不止于此。他主张收回关税主权，提出征收烟草税，被称为"烟草税第一人"。同时他建议开设翻译书院，积极推动国人学习洋文，吸收外国先进科学文化知识。他从中国最实际的利益出发，是同时代最为激进的社会改革家之一。

道光二十五年(1845年)，马建忠生于一个天主教家庭。他的四哥是著名爱国人士马相伯，即震旦大学和复旦大学的创始人。马建忠从小就熟读经史，聪明和勤奋让他成绩异常拔尖。

咸丰三年(1853年)，马建忠一家为了躲避战乱，举家迁往上海。马建忠与四哥马相伯转往徐汇公学就读，学习法文和拉丁文等课程。1860年，英法联军入侵北京，一把大火在圆明园烧了三天三夜，这使马建忠受到了极大的刺激，他开始积极学习西方的文化知识，从西方文化中汲取营养。

马建忠搜集了许多西方书籍的译著，潜心钻研，同时继续学习法文、拉丁文、希腊文等多门外语。经过十多年的努力，他成长为一位学贯中西的新式人才。

同治九年（1870年），在二哥马建勋的推荐下，马建忠成为李鸿章的幕僚，参与了洋务运动的操办。马建忠在十多年的学习中，精通西方事务和语言，因此受到李鸿章赏识。后来他被李鸿章派往法国学习国际法，同时兼任中国驻法公使郭嵩焘的翻译。在法国获得博士学位后的马建忠，回国后重新投身李鸿章门下。马建忠凭借对西方科技文化的了解，在外交及商务方面很快崭露头角。光绪十年（1884年），马建忠出任上海轮船招商局会办。

当时由于中法战争形势严峻，战争对时局的影响太强。为了保护招商局的资产，马建忠做出了一个大胆的决定。他将招商局的所有产业，都转到了一家美资企业的名下。虽然这一行为是出于招商局利益考虑，但事后出来指责他的人不在少数。甚至他差点因为这件事背上"汉奸"的骂名，并险些招来杀身之祸。但他的胆识，由此可见一斑。

光绪十六年（1890年），马建忠开始静下心来撰写《富民说》。他主张发展民族资本主义，推动对外贸易来发展经济，增强国力。马建忠将《富民说》上呈给李鸿章之后，李鸿章也深有同感。在李鸿章的推荐下，马建忠出任上海机器织布局总办，但是不久就因为资金周转等问题而被停职。

马建忠闲居上海的时候，一心著书立说，将自己对西方文化的理解融入其中。马建忠抛开世俗的烦恼后，潜心整理《马氏文通》一书。在梳理古汉语语法时，他借鉴了西方语文的语法，从古代经典书目中精选例句，钻研其中的语法规律，整理出了一套汉语的语法体系。《马氏文通》成为奠定汉语语法基础的开山之作，对后世汉语语法的研究提供了许多理论支撑和实践经验。

值得一提的是，马建忠还是中国"烟草税第一人"。西方的烟酒进入中国市场时，由于海关被外国人把控，因此中国是没有海关税收的。但是中国出口的茶和丝织品等商品，却会被课以重税。于是，马建忠想到了烟草税，提到了烟草税对于国家财政的重要性，强烈建议清政府征收进口烟草税，终获实施，对于年年赤字的清廷财政来说，这无疑是一个救星。

光绪廿六年(1900 年)，极受洋务派器重的马建忠再度被李鸿章召回，出任上海行辕襄理机要。8 月 14 日，马建忠收到一封长篇急电，为了尽快传达，马建忠不分昼夜赶着翻译这篇电文，在翻译过程中，马建忠不幸猝然去世，终年 55 岁。

章炳麟：学者身，革命心

人物名片

章炳麟（1869—1936年），浙江余杭人。原名学乘，字枚叔，后易名为炳麟，号太炎。世人常称之为"太炎先生"。清末民初民主革命家、思想家、著名学者。是一代国学大师，也是资产阶级革命家。

从北京往南1800公里，途经河北、山东、江苏、浙江等省市，贯通黄河、海河、淮河、长江、钱塘江五大水系，一直到浙江杭州，京杭大运河如一条系带，将南北两地连接起来，携手走过了两千多年的历史。京杭大运河最南端的余杭塘河畔，坐落着一个古老的院落。这里的一草一木，都被深深地打上了一个人的烙印——章炳麟。

1869年，章炳麟就在这里出生。在家中生活了22年之后，章炳麟终于踏出家门，接触到了外面的世界。他师从一代朴学大师俞樾，前后认真学习了八年。这为他日后的学术研究，打下了坚实的基础。

1895年，甲午战争中国战败，被迫签订丧权辱国的《马关条约》。悲愤的章炳麟走出书斋，加入了康有为的"强学会"。后来他担任《时务报》编辑，以此为阵地，宣传康有为梁启超等人的改良思想。离开《时务报》后，章炳麟为多家报刊撰稿，依然对资产阶级改革充满信心。

戊戌变法失败后，他的维新梦想破灭。因为惋惜谭嗣同等人的遭遇，章炳麟写了文章纪念他们，因此，清廷对他下达了通缉令。章炳麟不得不逃亡日本。此时的章炳麟，革命思想已经有所改变，对清政府放弃了幻想，转而剪掉自己的辫子，立志革命。

扛起反清大旗的章炳麟，对梁启超等人作了尖锐的批判。"拒俄运动"开展后，康有为发表了一系列文章，支持光绪帝复辟，认为立宪是解决问题的根本办法。章炳麟针对这一论调展开了批判，他写下了著名的《驳康有为论革命书》，认为革命才是中国唯一的出路。结果，章炳麟被清廷抓捕入狱。

在狱中，他和蔡元培等人秘密发起成立了"光复会"。两年后，章炳麟出狱，中国同盟会的会员都去迎接他。章炳麟跟着同盟会会员到了日本，也加入了同盟会，任《民报》主笔。章炳麟以他的语言和文字为武器，发起了一场没有硝烟的战争。

辛亥革命成功后，章炳麟对于革命形势的认识不足，提出了"革命军起，革命党消"的错误口号，提议解散同盟会。袁世凯上台后，章炳麟又对这个野心家抱有幻想。袁世凯一边拉拢他，一边给他派了一些虚职以稳住他。宋教仁遇刺后，章炳麟才醒悟过来，开始反对袁世凯。但是孙中山和黄兴举起革命大旗讨伐袁世凯，章炳麟却又不信任他们，以至于陷入了迷茫的境地。

为了揭露袁世凯的暴行，章炳麟深入虎穴，亲自前往北京面见袁世凯，不料被袁世凯软禁。章炳麟大骂袁世凯包藏祸心，于是被投入狱中。身在狱中的章炳麟用绝食来表达自己的心意。这一监禁，又是三年。

出狱后，恰逢北洋军阀当权，废除了《临时约法》。章炳麟同意了孙中山等人的意见，发起了护法战争。护法军政府组建后，章炳麟任秘书长。这之后，章炳麟却再次误入歧途，转而支持军阀自治，反对孙中山当大总统。他对改组后的国民党和共产党都不甚满意，渐渐远离了革命道路。

时间来到1933年。日寇的铁蹄在中华大地上肆意妄为，无数同胞陷入战争的苦难当中。已经不问政事、潜心做学问的章炳麟眼见国土被侵占，国民被屠杀，再次挺身而出，谴责国民党不顾国家安危坚持内战的行为。他和马相伯等人一起发表了一系列声明，呼吁国人团结抗日，收复失地。

"一二·九"运动后，章炳麟不惧权威，公开支持学生运动。一向不怎么看好共产党的他，对于共产党坚决抗日的行为，却看在了眼里。对于学生加入共产党的行为，他也表示支持。对于几乎晚节不保的章炳麟来说，这一腔爱国热诚，就足以正名了。

1936 年，看着陷入战乱的国家，怀着无限的遗憾和悲愤，一代学者和革命家永远闭上了眼睛。无数仁人志士在他的感召下，前赴后继踏上了报国杀敌的战场。

关天培：一身忠勇铸海疆长城

人物名片

关天培(1781—1841年)，清朝著名爱国将领、抗英民族英雄。字仲因，号滋圃，淮安人。在1840年的鸦片战争中壮烈殉国。著有《筹海初集》及一系列作战训练图表。

当强大的英军开着他们的坚船利炮进犯晚清国门时，能够抵御他们的，不过是海疆无数将士的血肉之躯。他们没有先进的科技，没有正规的训练，甚至没有像样的装备，他们只有满腔的热血和爱国情怀。以晚清的军事力量，他们的海疆对外基本是不设防的状态，但总有像关天培这样的忠勇之士，挺身而出，在国家最需要他们的时刻默默奉献，用身躯为国家铸起一道海疆长城。

关天培出身于一个普通的行伍家庭。嘉庆八年(1803年)，关天培考中武秀才，出任把总，后来一步步升至参将。道光十四年(1834年)，关天培调任广东水师提督。

初到广东之时，关天培亲自调阅海图，摘抄文卷，又在手下的帮助下亲自乘船考察地理形势。结合广东的海防形势，关天培采取了增修炮台、添铸重炮、调整炮位、精选士兵加强军事训练四大举措，使得广东水师的各炮台之间能够进行有效的配合，并形成一个协调而有序的防御体系，能有效打击入侵者。

1834年，关天培将自己整顿广东海防的经验汇编成册，写成了四卷本《筹海初集》。

1839 年 11 月 3 日，正在穿鼻洋面上巡逻的关天培收到消息，两艘英国军舰在附近挑衅。等到关天培赶到时，对方突然朝着中国军舰开炮。关天培当即下令部下开炮反击。年近花甲的关天培亲自在甲板上督战，士兵们在他的感染下，奋勇杀敌。

忽然，一颗炮弹击中了桅杆，桅杆倒下擦伤了关天培的手臂，但他丝毫不为所动，继续指挥战斗。为了激励士兵，关天培取出身上的银锭，大声呼喊："击中敌舰一炮者，赏银两锭！"于是，海军将士愈战愈勇。

两军交战正酣之时，一颗炮弹不偏不倚击中了敌舰，关天培下令乘胜追击，对着英军舰穷追猛打。英军见势不妙，只好灰溜溜地逃走了。这场由英国侵略者挑起的穿鼻之战，以广东水师的胜利而告终。

这场战斗为鸦片战争拉开了序幕，此后英军连续在广东海面挑衅，都被关天培一一击退。穿鼻首捷和海防的巩固，以及支持林则徐虎门销烟，使得关天培受到了朝廷的嘉奖。朝廷赐给他"法福灵阿巴图鲁"的称号，群众称他为"穿鼻英雄"。

1840 年 6 月，英国派出大量军舰来到广州海面，挑起鸦片战争。此时大部分官吏都倾向于与英军"和谈"。但关天培清楚地认识到，"和谈"同投降没有区别。因此他和林则徐等人坚决主战。

关天培不畏强敌，身先士卒，接连打退了英军的几波进攻。久攻不下的英军舰队见广东海防森严，只好转而分兵北上，直逼天津。惊慌失措的道光帝屈服于英军的淫威之下，他答应了英军的条件，将林则徐革职。

旋即，主和派的琦善就任两广总督，到达广州后就下令撤兵，还撤除了关天培苦心经营多年的广东海防体系，试图以此向英军妥协求和。

1841 年 1 月，英军乘虚而入，攻克大角、沙角炮台。失去了屏障的虎门要塞形势危急，关天培只好向琦善求援。但唯恐有碍议和的琦善，只是象征性地派了两百士兵前去支援。这根本无济于事。

孤立无援的关天培将几件旧衣服和几枚坠齿一同寄回家中，抱着必死的决心上阵杀敌。

2 月，英军对虎门发起总攻。关天培所在的靖远炮台受到了英军的猛攻。这场从中午进行到深夜的战斗异常激烈，年过六旬的关天培身负十多处伤，仍然坚持挥刀上阵，亲自开炮还击。

傍晚的时候，英军攻入炮台，英军司令向关天培发出最后通牒，劝他放弃虎门各炮台。关天培没有理睬，顽强抗争。为了防止提督的大印落到敌人手中，关天培命随从将大印带走。随从拉着关天培请求他一同撤走，关天培厉声拒绝，继续指挥战斗。

最后在英军的猛烈炮火攻势下，关天培不幸中弹，壮烈殉国。守卫炮台的四百多名将士，也一同遇难。虎门炮台的失守，也宣告中国海疆的长城轰然倒塌。之后清政府被迫与英国签订《南京条约》，清廷统治下的中国，开始沦为资本主义的殖民地和倾销市场。

已被革职的林则徐听闻关天培的死讯后，悲愤无比，写下了这样一副挽联：

　　　六载固金汤，问何人忽坏长城，孤注竟教躬尽瘁；
　　　双忠同坎壈，闻异类亦钦伟节，归魂相送面如生。

邓廷桢：白头到此同休戚

人物名片

邓廷桢(1776—1846年)，汉族，南京人，祖籍苏州洞庭西山明月湾。字维周，晚号妙吉祥室老人、刚木老人。曾任云贵、闽浙、两广总督，协助林则徐查禁鸦片，抗击英国侵略军。道光二十六年(1846年)卒于任上。精通书法和诗文，有《石砚斋诗抄》《诗双声叠韵谱》《说文叙辞轴》等多部著作传世。

他是才高八斗的诗人，一生留下了整整16卷诗集。他是著名的书法家，他的玉筋体小篆书法作品《说文叙辞轴》，现在还能在南京市博物馆看到。他还是令人敬仰的民族英雄，他同林则徐一起查禁鸦片，维护国家利益。他又加强海防，力主抗英，极力反对割让香港及厦门，有着坚定的民族气节和爱国热诚。他就是清末爱国名臣邓廷桢。

道光十五年(1835年)，邓廷桢就任两广总督。此时的鸦片走私已经非常猖獗。在这样的环境下，太常寺少卿许乃济提出了"弛禁鸦片"的政策，认为应该放开限制，允许合法运输鸦片。

邓廷桢最初也赞成弛禁政策。等到弛禁政策施行之后，鸦片的种植、运输和进口都完全合法化，鸦片的危害这才完整地展现在邓廷桢面前。邓廷桢眼见鸦片贸易对国计民生的恶劣影响，转而成为了坚定的"禁烟"派。

道光十七年(1837年)，邓廷桢在广东开始严厉禁烟。他命令所有滞留在中国海面的英国烟船必须尽快撤回，不准进入广州港口。他同水师提督关天培一起，整顿海防，清除境内的鸦片贩子。但英国的烟贩多与清朝的官员们相互勾结，狼狈为奸。在实际执行的过程中，禁烟没有收到明显的实效。

道光十八年(1838年)，道光帝终于也意识到了鸦片的危害，同意"弛禁"改为"严禁"的政策，任命林则徐为钦差大臣，前往广东禁烟。

林则徐到达广州后，在邓廷桢的积极配合下，查获了两万多箱鸦片，共两百多万斤的鸦片在虎门海滩被集中销毁，向世界表明了中国禁烟的意志和决心。

但英国商务监督义律同一帮鸦片贩子公然破坏鸦片禁令，以武力威胁清政府的禁烟政策。在义律的支持下，武装化的鸦片走私行为再次猖獗起来。

面对义律的挑衅，邓廷桢严厉谴责义律，并要求将几名主要的鸦片贩子驱逐出境。自恃有强大的英国海军作为依靠的义律并没有买邓廷桢的账，他拒不交出鸦片贩子，也没有驱逐他们。义律试图以武力逼迫邓廷桢就范，但是邓廷桢坚持原则，寸步不让，致使义律的阴谋没有得逞，义律只好退出广州。

同年，英国东印度舰队司令马他仑率兵舰抵达澳门。心怀不轨的马他仑要求以商务监督的身份稽查贸易。邓廷桢眼见此人来者不善，下令各关口加强防守，严加巡防。他以不合中国法令为由，严词拒绝了马他仑的要求。马他仑只得无功而返。

为了加强对沿海地区的控制和防守，也为了禁绝鸦片贸易，邓廷桢组织广东三路水师加强海防力量。他督促关天培在虎门设计了三道防线，使广东水师的防卫力量形成一个有序的防御体系。同时，他走访查封了数百个走私窝点，增派兵力捕获走私船只。对于那些运输鸦片的英国鸦片船，他采取不准内地船只靠近的措施。这样，英国运来的鸦片无法出售，也就无法完成走私。

在邓廷桢的组织下，虎门海防体系逐渐稳固。广东水师凭借海防设施和新的战术，多次击退英国军舰的挑衅和武装进犯。

道光十九年(1839年)12月，邓廷桢调任闽浙总督。他结合福建和浙江的具体形式，采取了多方面的措施，修建炮台，加强海防，以应对不时来犯的英国海军。他还制定了新的海防章程，命水师与陆师共同负责，相互配合打击来犯的兵船，并搜捕内地的鸦片贩子。

邓廷桢的措施有力地打击了东南沿海地区的鸦片走私，也得到了朝廷的嘉奖。但不幸的是，道光二十年（1840年），听信谗言的道光帝将邓廷桢革职，命他在广州听候差遣。同时，又派出琦善去接替林则徐的两广总督之位，禁烟运动就此宣告失败。

邓廷桢被停职的时候，正在同义律谈判的琦善，就厦门、香港是否可以割让之事与邓廷桢商议。邓廷桢极力反对。有着丰富军事斗争经验的邓廷桢一针见血地指出了厦门、香港两地的重要战略地位。此时，再想"求和"的琦善也不敢提割让之事，以免背上"卖国贼"的骂名。

道光二十一年（1841年），道光帝将林则徐与邓廷桢一同发配伊犁。直到两年后，邓廷桢才被朝廷召回。邓廷桢离开伊犁的时候，好友林则徐激动地写下了"白头到此同休戚，青史凭谁定是非！"的诗句来勉励他。

虽然邓廷桢被复职，但是已经年迈的他，为这个摇摇欲坠的封建王朝耗费了太多精力。道光二十六年（1846年），邓廷桢在任上病逝，享年70岁。

邓世昌：血战黄海　气壮山河

人物名片

邓世昌(1849—1894 年)，原名永昌，字正卿，是清末北洋水师的著名将领，抗英民族英雄。他是中国最早一批海军军官之一，1887 年任北洋舰队中"致远"舰的舰长。1894 年 9 月 17 日，邓世昌在黄海海战中捐躯报国。

"人谁无死？但愿我们死得其所，死得值!"爱国海军将领邓世昌，经常在作战的时候对士兵们说这句话。

这句他常说的话，是他的人生写照。在甲午海战中，他壮烈牺牲以后，举国上下一片悲痛。光绪帝痛心疾首，百姓们痛哭失声。威海的百姓自发出海打捞遇难者的遗体，安葬并哀悼英雄们的亡灵。当地流传着"通商卖国李鸿章，战死沙场邓世昌"的歌谣。

1849 年，在广东省番禺县(今广州海珠区)一户邓姓的商户家庭里，有一个男孩呱呱坠地。他们一家饱受着战乱与黑暗世道的痛苦，于是殷切盼望着家业昌盛来保障生活，他们把这个期望寄托在孩子身上，给他起名为"邓永昌"。然而没有国家的安定，又何谈小家的兴旺呢？所以后来父亲又将孩子更名为"邓世昌"。

小世昌年幼时就天资聪颖又勤奋好学。在父亲的支持下，他进入教会学校学习。这在当时将外语视作"蛮夷"之语的环境下，是惊世骇俗的行为，然而开明的父亲依然全力支持他的学习。他亦没有辜负父亲的期望，学业超群，不久后就能与外籍老师用英文对话，看英文杂志了。

后来恰逢沈葆桢出任福州马尾船政大臣，开办了前学堂制造班和后学堂驾驶管轮班。当时 18 岁的邓世昌对驾驶军舰抱有浓厚的兴趣，他立志成为一名海军战士，抵御外敌，报效国家。当他得知这个轮船驾驶班的招生年龄放宽到 20 岁以后，立即放下一切事情回到广州参加了这场考试，并以优异的成绩顺利考取了驾驶专业。这为后来他成为一名海军军官奠定了基础。

1887 年，年仅 38 岁的邓世昌已经获得多项军功，成为一名"西学精湛"、"精于训练"的海军专家。他率队赴英国接收清政府向英、德订造的"致远""靖远""经远""来远"四艘巡洋舰。邓世昌在沿途积极组织舰队实际操演练习，劳心劳力，一刻也不停歇。结果却因劳累过度，在归途中发寒热。但他对自己严格要求，依然坚守在岗位上。在他的精神激励下，舰船上所有人都咬紧牙关刻苦训练，全力提高舰队的战斗水平。年底回国时，邓世昌因率队接舰有功，被升为副将，获加总兵衔，并且兼任"致远"舰的管带。至此，邓世昌与"致远"舰生死相依。

1894 年 9 月 17 日，这是威海乃至全国的百姓都不会忘记的日子。

这一天，邓世昌率领"致远"舰在甲午海战中与日寇殊死搏斗。事实上，中日两方实力相差悬殊，设备也相距甚远，然而邓世昌全力以赴，破釜沉舟，丝毫没有恐惧和懈怠。在日舰围攻下，"致远"舰许多地方被击中，整艘军舰都燃起了大火，船身开始倾斜下去。

这时，邓世昌鼓励全舰官兵说："吾辈从军卫国，早置生死于度外，今日之事，有死而已！"说完，他毅然驾舰全速撞向日军主力舰"吉野"号右舷，抱着必死的决心，向敌人冲了过去。日军官兵大惊失色，集中炮火向"致远"舰射击。炮弹嗖嗖地从邓世昌身边掠过，一发炮弹正中"致远"舰的鱼雷发射管，管内鱼雷发生爆炸，"致远"舰发出一声巨响，摇摇晃晃地行驶了一会，便沉没了。

邓世昌落入海中后，随从带着救生圈来救他上岸。邓世昌望着硝烟弥漫的海面，和四面升起的日本国旗，拒绝了随从的救助。他说："我立志杀敌报国，今死于海，义也，何求生为！"他养的爱犬"太阳"游到他的身旁，用口衔着邓世昌的手，试图把他救上来。誓与军舰共存亡的邓世昌，毅然将爱犬按入水中，和自己一起沉没于汹涌的波涛之中。他与全舰官兵250余人一同殉国，全部成为海中英魂。

光绪帝得知这个消息，垂泪撰联道："此日漫挥天下泪，有公足壮海军威。"邓家利用清廷赐予的抚恤金为他设立宗祠，铭记这个捐躯为国、视死如归的好男儿。威海的百姓感其忠烈，自发为他塑像建祠，以利后人瞻仰这位抗英海军将领、民族英雄。

刘永福：晚清"国之宿将"

人物名片

刘永福（1837—1917年），广西钦州人，原名建业，字渊亭，在转战越南时改名为永福。清末民初军事人物，原是反清的黑旗军将领。1873年率黑旗军参加中法战争，屡次大败法军。甲午战争期间，奉命赴台抗日，但最终失败，是著名的爱国英雄。

刘永福是晚清抗击法、日的"国之宿将"。鸦片战争以后，英国殖民主义侵略者用大炮打开了古老的中国大门，全国各族人民面临着反对封建黑暗统治和反帝救国斗争的双重任务。刘永福正是肩负起这一历史重任，站在斗争前列的典型代表。他率领的黑旗军，奏出了悲壮的革命交响曲。

清道光十七年（1837年），刘永福出身于一个贫苦的农民家庭。贫寒的家境和坎坷的身世，让他几乎走投无路。20岁时，刘永福加入了天地会，投身于农民起义的行列，走上了反抗压迫剥削的道路。

1866年，起义军扩充整编，刘永福成为部队的首领。当时他扎营于归顺州（今靖西）的北帝庙。一次，刘永福偶然看见庙中的周公像，栩栩如生的周公站立在那里，不怒自威。这时刘永福注意到，周公手里有一个"北斗七星"的图案，上面镶着白边的黑色三角旗。于是刘永福就命人仿造这面旗，做成了军旗。自此，刘永福的部队就自称黑旗军。

1873年，法国派出200余名侵略军和两艘炮舰轰击河内。刘永福得知后，率部队2000人，翻山越岭南下抗法。黑旗军如猛虎下山，势不可挡，击毙了法军主将安邺，法军几乎全军覆没。法军慑于黑旗军的声威，被迫

34

退出河内。这是刘永福守卫国土，抗击法国侵略军的首次战功。

1882年，法国再次发兵进犯越北，刘永福亲率黑旗军3000人发起反击。刘永福知道黑旗军的装备和士兵素质不如法军，就没有选择与法军硬碰硬。他率领一支黑旗军，佯装失败后溃逃。法军全力追击，却没有想到已落入刘永福的包围中。法军孤军深入，又失去了装备的优势，腹背受敌，死伤惨重。

这一仗，黑旗军消灭法兵200多名，夺得军械弹药无数。这就是著名的纸桥之役。捷报传出后，越王为了表彰刘永福的军功，晋升他为三定提督号。

次年，朝廷派唐景崧以刘永福军师的身份进驻黑旗军，为他出谋划策。这就宣告朝廷不再认定黑旗军为流寇，而是正规部队。同时，唐景崧还告诉刘永福，可以恢复他和他的部队大清国国籍的肯定答复。刘永福欣然接受了清政府给的"记名提督"头衔，成为清朝的官员。但这并不是一个美好的结局，而是悲剧的开始。此后，清政府不断下令，采取各种极端手段逼迫刘永福回国。回国之后，清廷为削弱黑旗军势力，不断裁撤，黑旗军最后只剩300余人。

中日甲午战争爆发后，清政府与日本签订了丧权辱国的《马关条约》。日本派出军队进攻台湾，试图威逼台湾人民投降。刘永福得知消息后，毅然率黑旗军奔赴台北，与台湾义军一起，同日军展开激战。

两军激战正酣，刘永福的黑旗军由于武器和粮食的缺乏，败下阵来。刘永福只好向清廷求援。没想到清政府下令严密封锁沿海地区，拒绝对台湾增援。寒了心的刘永福凭着一腔热血，同日军展开了艰苦卓绝的战斗。但是双方实力悬殊，刘永福和义军的抵抗难以阻击日军的炮火，不久，台湾全境被日军占据。刘永福等人无奈只得退回厦门。

1899年刘永福回南宁重建了黑旗福军四营，朝廷多番削减后，他手下仅剩两营。再也没有心思同朝廷周旋的刘永福遣散了军队，回广州养病。

在广州，刘永福结识了一些革命人士，对革命产生了深刻的认识。1911年辛亥革命在武昌爆发时，刘永福拖着年迈的身躯，积极响应革命。

等到革命秩序安定的时候，他便辞官回家。1915 年，袁世凯企图复辟帝制，与日本签订了丧权辱国的"二十一条"。刘永福闻讯后，即请缨抗日，反对复辟。此时的刘永福，已经 78 岁。

两年后，刘永福走完了他悲壮的一生，在钦州老家病逝，享年 80 岁。

冯子材：将军拍案起　怒剑指镇南

人物名片

　　冯子材(1818—1903 年)，汉族，广西钦州沙尾村人，字南干，号萃亭，是晚清抗法名将。在晚清时期的中法战争中，打出了著名的镇南关大捷，建立了他从军以来最伟大的功勋。他离世后，朝廷派人修建了"冯勇毅公专祠"，又称"宫保祠"，保存至今。

　　冯子材是清末的一代名将。在晚清时期，众多清军名将在与外敌抗战过程中屡战屡败，而他一洗清军颓废之风，打出了著名的镇南关大捷，因在中法战争中建立的功勋，名载史册。

　　冯子材生于一个贫苦家庭，4 岁丧母，10 岁丧父，童年过得十分艰辛。为了生存，冯子材读了两个月的书便辍学了，随大人们外出贩盐、做木工，过着饥寒交迫的日子。

　　冯子材 15 岁那年，祖母也离去了。他此时不得不流落街头，靠操刀使剑果腹，此后靠给人放木排、做保镖谋生。

　　道光二十八年(1848 年)，冯子材外出时被天地会劫持，从此和反清队伍结下了仇怨。从天地会逃出来后，冯子材一路参军，前后改换了好几路军队，在镇压天地会、围攻廉州的战斗中表现突出，奉旨前往高州清剿义军时，立下战功，获八品顶戴，为随后的升迁打下了基础。

　　1851 年后，冯子材积极镇压粤桂边界的农民起义军，并跟随"江南大营"围剿太平军。同治三年(1864 年)，天京沦陷，清廷大封"功臣"，冯子材被封为骑都尉世职。

太平天国失败后，冯子材前往广西担任提督。此后18载，冯子材在广西提督任上不断用兵，积极打击各地反清势力。在任期间，他弹劾贪官污吏，在百姓中的名望相当不错。但是，官场错综复杂的人际关系还是让冯子材应付不过来，他最终告病还乡。

光绪九年(1883年)，因为越南的保护权问题，中法两国发生争执，导致中法战争爆发。清军在越南战场上节节败退，法军趁势进攻，将战火烧到了中国东南沿海。正值国难当头，已经辞官回家的冯子材重新被朝廷起用。

怀着立功报国的抱负，冯子材接受了朝廷任命。为了方便指挥，他将团练总部设在自己家中，并将招募到的兵员改编成"萃军"。随后，冯子材带着10营"萃军"奔赴抗法前线。

光绪十一年(1885年)大年初一，冯子材带领大军来到镇南关。镇南关在冯子材抵达后第9天就被攻陷，形势不容乐观。两天后，清廷命冯子材协助处理广西关外军务。

这时，扛不住压力的主帅潘鼎新落荒而逃，前线群龙无首。冯子材临危受命，被推荐为前敌主帅。他将两个儿子带在身边，以便在为国捐躯时收尸。他仔细勘察地形后，制定了诱敌深入的战略，准备在关内与法军决一死战。

1885年3月23日，法军大举出动，进入清军防线。冯子材父子身先士卒，带领将士挥刀迎敌。在清军猛烈的攻势下，法军仓皇溃逃，退出关外，清军乘胜出关追敌，接连攻克文渊、驱驴、谅山、长庆府、观音桥等地。

此时的冯子材已经67岁了，通过精心组织，奋勇抗敌，他取得了震惊中外的镇南关大捷。这一仗打出了中国军队的军威，打出了中国军人的志气。不料，腐朽的清政府不但没有乘胜追击，还发布了停战令。冯子材只得含恨撤兵。

中法战争结束后，冯子材率军赴海南岛组织防务，在任期间，他为当地经济、文化开发事业做了不少好事。义和团运动爆发后，冯子材多次上书请求入京勤王，被拒。

　　光绪二十九年(1903年)，钦廉一带发生叛乱，两广总督又想到了冯子材。此时已经80多岁的冯子材毅然带兵前往，却在路途中病逝。朝廷派人修建了"冯勇毅公专祠"，又称"宫保祠"，供后人瞻仰。

左宗棠：西北扬国威

左宗棠(1812—1885年)，湖南湘阴人，字季高，又字朴存，号湘上农人，晚清中兴名臣，军事家，政治家，湘军统帅之一，洋务派代表人物之一，为维护清朝统治贡献了毕生精力。他和李鸿章、曾国藩、张之洞合称为"晚清中兴四大名臣"。

他在晚清政府日薄西山、帝国主义瓜分中国愈演愈烈的情况下，力排众议，率军西征，带兵出关，消灭阿古柏，收复新疆，抵御外侮。他参与洋务运动，怀有坚定的信念，认为能依靠自己的努力，为多灾多难的祖国寻求一条出路。他就是晚清名臣左宗棠。

道光二十九年(1849年)，林则徐与左宗棠约见于长江舟中，彻夜长谈。两人同为汉臣，对西北局势的看法又不谋而合，惺惺相惜之下，林则徐说出"西定新疆，非君莫属"的话。林则徐对于左宗棠极其信任，甚至将自己在新疆搜集的宝贵资料和一生见解全然交付给左宗棠。林则徐丝毫不吝啬对左宗棠的赞美之词，称他为"非凡之才""绝世之才"，在其遗书中也极力推崇左宗棠。

咸丰二年(1852年)，太平军围攻长沙。为了保卫大清江山，维护国家统一，左宗棠毅然投身于战火之中。在炮火连天的日子里，他治军严谨，又"昼夜调军事，治文书"。结果，太平军将长沙城围困三个月，却始终不能攻下，无功而返的太平军无奈北上。经此一役，左宗棠声名鹊起。

咸丰四年(1854年)，清军在湖南接连失利，形势不容乐观。太平军发兵湘北，长沙周围的大小城池连连失守。最后，长沙成为孤城。清廷紧急命令左宗棠接手长沙的防务。左宗棠对经济和军事方面进行了大刀阔斧的改革，稳定了城内的局面。接着，在他的筹划下，湖南的形势豁然开朗。长沙之围解除后，左宗棠趁太平军军心未稳，带着人马出省作战。没想到效果奇佳，连打几个胜仗。

于是，左宗棠的名声更为响亮。不久之后，他因军功升任为兵部郎中。升官后的左宗棠毫不懈怠，更加尽心尽责。平定甘陕叛乱，推动西北改革后，甘陕局势渐趋稳定。

1859 年，左宗棠在湖南任职时，百姓间流传着一句话："天下不可一日无湖南，湖南一日不可无左宗棠。"这引起了朝中很多人的关注，经过一些高官的推荐，咸丰帝也关注到了这个政坛新星。但是在一些谗言和诽谤下，左宗棠险些性命不保。幸亏有人仗义执言，左宗棠才逃过一劫。

之后在曾国藩的推荐下，左宗棠出任浙江巡抚。后因收复失地有功，升任两江总督。平定太平军后，左宗棠积极治理浙江，致力于恢复经济和军事训练。后来，左宗棠意识到了中国水军的薄弱，提议朝廷创办船政学堂，培养水军人才。他自己则创办了中国第一个新式造船厂——福州船政局。

同治三年（1864 年），西北的阿古柏在沙俄的支持下，建立"洪福汗国"，盘踞在新疆，时刻威胁着西北。在阿古柏的帮助下，沙俄顺势攻占伊犁。祸不单行的是，几年后日本又侵占了台湾。清廷由此产生了"海防"与"塞防"之争。

李鸿章等力主海防。左宗棠则认为，海防与塞防都是维护国土的基础，应该并重。最后，清廷任左宗棠为钦差大臣都督新疆军务，发兵塞外，收复新疆。

战略上，左宗棠考虑到阿古柏在北疆势力比较薄弱，因此提出了"先北后南，缓进急战"的观点。确定战略后，左宗棠便开始逐步实施收复计划。朝廷财政开支不够，左宗棠自己借款。为了解决西征军的装备问题，他在兰州设立了制造局，并从外省调来熟练工人，制造枪炮。又屯田积谷，兴修水利，解决了军需要求。

光绪二年(1876年)，左宗棠正式出征。仅一年多的时间，左宗棠便平定了南疆北疆。除了伊犁以外，新疆全境都被左宗棠收复。后来，清廷在沙俄恐吓下，签订《里瓦几亚条约》，割让伊犁周围领土。左宗棠闻讯，据理力争，强烈反对割让。清廷被说服，于是派曾纪泽出国，曾纪泽据理力争，毫不妥协，最终与俄方签订了《中俄伊犁条约》，清政府正式收复伊犁九城。

光绪十一年(1885年)，左宗棠在福州病故，享年73岁。清廷追赠左宗棠为太傅，谥文襄，入昭忠祠。

谭嗣同：我自横刀向天笑

人物名片

谭嗣同（1865—1898 年），字复生，号壮飞，湖南浏阳人，中国近代著名政治家、思想家，是资产阶级维新派的代表人物。他的《仁学》，是维新派的第一部哲学著作，也是中国近代思想史中的重要著作。谭嗣同参加领导了戊戌变法，失败后拒绝逃亡日本，被清政府杀害，是"戊戌六君子"之一。

"有心杀贼，无力回天；死得其所，快哉快哉！"

1898 年 9 月 28 日，北京菜市口刑场上挤满了围观的群众。这一声怒吼，响彻在每个人的耳边。他们深深地记住了这个面对刀刃还面不改色，说出这样"大逆不道"的话来的男子。他虽然跪在那里，但人们好像能够看见他的灵魂在俯视众生。

这个男子名叫谭嗣同，他和另外五个一起就义的人被称为"戊戌六君子"。他本来是一个学习传统文化长大的儒生，在时代的变迁之时渐渐接触了一些西方知识。1895 年 4 月，《马关条约》签订后，谭嗣同和许多读书人一样，义愤填膺，想要尽自己的一份力去洗刷国家和民族的耻辱。他也明白了，腐朽的旧制度是中国落后的根本。因此，他开始提倡新学，教授新式课程，并在家乡组织了一些学社。

5 月，维新派领导人康有为在北京组织一千多名考生，发起了著名的"公车上书"，向朝廷陈述改革的必要性和具体的改革措施。但是，因为光绪帝并没有看到这份上书的内容，所以这次活动也就无疾而终。

1897 年，谭嗣同写成《仁学》一书。他在书中反对封建制度和封建思想，提倡资产阶级的民主思想。这是维新派的第一部哲学著作。此后，他创办新式学堂，办报纸杂志，宣扬维新思想，和封建阶级的顽固派展开了坚决的斗争。

1898 年，光绪帝颁布《定国是诏》，下定决心变法。光绪帝还亲自召见谭嗣同，告诉他："你们有什么想要变革的，随时告诉我。如果你们觉得我做得不好，我也马上改。"这番话让谭嗣同感动不已，从此将变法视为己任。

在康有为等人的领导下，谭嗣同和一帮仁人志士将变法依次展开。改革政府机构，兴办厂矿，废除科举……一切都似乎朝着好的方向发展着，谭嗣同对变法维新充满希望，感到胜利在向他招手。

意外来得非常突然。9 月，光绪帝前往天津阅兵，慈禧太后发动兵变，宣布废黜光绪帝。谭嗣同深感形势不妙，秘密联系了当时还是维新派重要人物的袁世凯。袁世凯手握重兵，因此谭嗣同请求他带兵入京，除掉顽固派。袁世凯一边大义凛然地表示自己会为维新派出力，一边又推脱说此时不适合入京云云。在谭嗣同的一再恳求下，袁世凯答应了会发兵天津，除掉顽固派的代表人物荣禄，然后再进京的要求。

谭嗣同一走，袁世凯马上就翻脸了。他连夜赶到天津，向荣禄告密，揭发了维新派的密谋。荣禄也知道此事的重要性，连夜上报了慈禧太后。慈禧太后得到消息后，立即下令捕杀康有为和梁启超，逮捕谭嗣同、杨深秀、林旭、杨锐、刘光第、康广仁等人。

在顽固派的反扑下，势单力薄又没有根基的维新派很快溃灭。光绪帝被软禁，康有为、梁启超等人离开了北京，逃亡海外。杨锐、林旭等人相继被捕。还对朝廷抱有幻想的杨深秀因质问慈禧太后为何罢黜光绪帝，结果也被捕了。

9 月 25 日，本来可以逃走的谭嗣同在浏阳会馆被捕。此前朋友劝过他，让他跟着别人尽快逃走，他却拒绝了，并说："各国变法，无不从流血而成，今中国未闻有因变法而流血者，此国之所以不昌也。有之，请自嗣同始。"他决心用鲜血唤醒国人的意志。

被捕时，谭嗣同丝毫没有慌张，面不改色。在狱中，他写下了一首绝命诗。诗句里，他浩然的正气喷薄而出。他的壮志和气节经由这几行短短的诗句，留给了后人无限的敬仰和怀念。诗这样写道：

望门投止思张俭，

忍死须臾待杜根。

我自横刀向天笑，

去留肝胆两昆仑！

林旭：慷慨难酬国士恩

人物名片

　　林旭(1875—1898 年)，字暾谷，福建侯官(今福州)人。晚清维新派代表人物之一。戊戌变法失败后，被清廷捕杀，为"戊戌六君子"之一。遗著有《晚翠轩集》。

　　刑场周围一片肃杀。围观的百姓谁都没有出声，默默地看着刑场上的六个人。林旭是里面最不起眼的一个，他既不像康有为和梁启超那样有名，也不像谭嗣同，用一身骨气名垂青史。但他始终是有自己的信念的，他能够在这里，坦然接受自己的命运，用生命为自己的信念发声，就已经是最大的勇敢了。

　　1875 年，林旭生于福建一个贫寒的家庭。但是开明的父母坚持让他进入私塾，接受教育。勤奋好学的林旭也没有辜负家人的期望，18 岁就考中了举人。第一次参加会试失败后，他回到了家乡，准备下一次考试。

　　光绪二十一年(1895 年)，林旭第三次入京参加会试，依然没有考中。但是，一个比落榜更令他伤心的消息传来了。甲午中日战争，中国惨败。不久，《马关条约》签订的消息也不胫而走。林旭和所有留在京城的考生一样，陷入了极度愤慨而又无能为力的境地。

　　这时，康有为和梁启超出现了。他们带头发起了"公车上书"，向朝廷进言，要求朝廷改革自强，反抗帝国主义的侵略。早年随父亲出外游历时，林旭就接触过不少维新人士，他的心里也早早埋下了一颗维新的种子。而现在，在国难和康有为维新思想的刺激下，这颗种子茁壮成长，渐渐生根发芽。

之后，林旭进入"通艺学堂"学习了许多西方先进文化知识，林旭的维新思想也渐渐成型。

1898 年，林旭第四次参加会试落榜，就在他茫然无措，不知前路在何方之时，维新派苦苦等待的机会却意外来临，6 月 11 日，光绪帝在与康有为和梁启超等维新人士商议之后，下定决心变法。《定国是诏》颁布后，戊戌变法的序幕拉开，无数仁人志士施展抱负的时刻来临，这当中自然也包括了林旭。

变法的各项具体措施都要人来实施，而封建的旧式官僚们自然不可能胜任。为了推动变法的顺利进行，光绪帝在宣布变法以后，又命令朝中积极推举新式人才。这个时候，林旭出现在了翰林学士王锡藩的视野中。王锡藩称赞他学通古今，熟知西方经济政治制度，是不可多得的人才。于是，林旭和谭嗣同、刘光第等人一同入朝为官，主导变法。

对于几度落榜、郁郁不得志的林旭来说，这样的机会足以称得上是幸运。但同时，也正是参与变法，他的生命被永远定格在了这一年。

不久，慈禧太后发动政变，软禁了光绪帝，接着又大肆捕杀维新人士。康有为和梁启超等人逃亡国外。而林旭和谭嗣同等六人却选择留了下来。9 月 21 日，林旭被捕入狱。在狱中，林旭给谭嗣同写了一首诗：

青蒲饮泣知何补，慷慨难酬国士恩。
欲为君歌千里草，本初健者莫轻言。

仅仅维持了一百零三天的戊戌变法草草结束。正如林旭所言："慷慨难酬。"这条命本不值钱，但报国无门，无法再为国家效力，却是林旭最为惋惜的。28 日，被合称为"戊戌六君子"的林旭和谭嗣同等人，一同在刑场就义。

林旭就义之时年仅 23 岁。死讯传出后，比他小一岁的结发妻子沈鹊应殉情未果，1900 年，久病不起的她也终于随丈夫去了。夫妻二人被合葬在一处，留下的只是后人无限的惋惜和怀念。

孙中山：民主革命的旗帜

　　孙中山（1866—1925 年），名文，字载之，号日新，又号逸仙，幼名帝象，化名中山樵。他是中国近代民族民主主义革命的开拓者，中国民主革命伟大先行者，中华民国和中国国民党的缔造者。他领导的辛亥革命，推翻了封建帝制。他倡导三民主义，创立《五权宪法》，是一位伟大的民主战士。

　　1925 年的北京中央公园社稷坛，哀伤的氛围笼罩在每一个人的身边。这天是孙中山的公祭日。豫军总司令樊钟秀送来一个巨型素花横额，当中方方正正写着"国父"两个字。没有人觉得不妥。他为这个国家奉献了一生，如今他故去了，他担当得起这个称呼。

　　孙中山临终前，留下了三份遗书：一份《家事遗嘱》，一份《国事遗嘱》，一份《致苏联遗书》。在生命的最后时刻，他惦记的都是：革命尚未成功。他特意叮嘱，他死后一定要按照三民主义和第一次全国代表大会宣言等文件制定的纲领继续革命，尽早废除不平等条约，建立独立民主的中华民国。

　　孙中山的一生，是革命的一生，是战斗的一生。

　　1905 年，孙中山开始投身革命，同黄兴等人在日本创立"中国同盟会"。这时的孙中山，就提出了"驱除鞑虏，恢复中华，创立民国，平均地权"的口号。这一口号后来逐渐演变为三民主义，即"民族、民生、民权"。从此以后，孙中山四处奔走，宣传革命，发展组织，为起义制定方案。

　　1911 年，武昌起义爆发，各省响应云集。孙中山在这个时候回到中国主持革命工作。随后，在各省代表投票之后，孙中山以几乎全票的优势当选为中华民国临时大总统。1912 年 1 月 1 日，也就是民国元旦，孙中山在南京就职，组建了中华民国临时政府。不久后，清帝溥仪退位，这意味着在中国延续了两千多年的封建帝制宣告终结。孙中山的革命工作，赢得了阶段性的胜利。

根据事先约定，为了革命的继续进行，孙中山选择退位，将大总统之位让给了袁世凯。同年，中国同盟会改组成为中国国民党，孙中山当选为理事长。次年，宋教仁遭袁世凯暗杀，孙中山毅然发起了"二次革命"，声讨袁世凯。由于袁世凯有帝国主义支持，势力强大，"二次革命"失败后，孙中山被迫流亡日本。

孙中山在日本组织各方力量，继续进行革命斗争。国内倒行逆施的袁世凯复辟帝制失败后，孙中山回到中国继续进行捍卫共和制度的斗争。北洋军阀当权后废除了《临时约法》，孙中山为捍卫革命果实，联合西南的军阀，建立广州军政府，进行护法战争，结果还是失败。这次战争的失败，让孙中山放弃了对军阀的幻想，转而改组中国国民党，建立了自己的革命党和革命武装。

1922 年，为了与反革命势力作斗争，孙中山提出了"联俄联共，扶助农工"的政策。1924 年，中国国民党第一次代表大会在广州召开。孙中山主持制定了党章和党纲，并欢迎共产党员以个人身份加入，这为后来的国共合作打下了牢靠的基础。

不久后，孙中山在黄埔创办了黄埔军官学校。在此后的数十年间，黄埔军校为中国革命培养了无数优秀的战争人才。黄埔军校的师生们，不仅是第一次北伐战争的主力，更在后来的抗日战争中立下了汗马功劳。

1925 年，孙中山在北京病逝。他在遗嘱中留下了"革命尚未成功，同志仍需努力"的号召。他清楚地认识到，中国的革命之路，远没有结束。毛泽东在《纪念孙中山先生》一文中说他是中国革命民主派的旗帜。他的肉体已逝，但他对革命工作的热情和为国为民的革命精神，在革命道路上，他始终是先行者。他的光芒，照亮了一代又一代的革命人。

黄兴：开民国，兴革命

人物名片

　　黄兴(1874—1916年)，原名轸，改名兴，字克强。湖南省长沙善化县高塘乡(今长沙县黄兴镇凉塘)人。中国近代著名的民主革命家，中华民国的创建者之一，领导了黄花岗起义。是孙中山先生的第一知交，被时人并称为"孙黄"。

　　1903年，沙俄侵占中国东北，清政府毫无作为。苦读诗书十几年的秀才黄兴深感绝望，他扔掉了手中的笔，举起枪杆，瞄准了腐朽反动的清政府。谁又能想到，这个投笔从戎、半路出家的秀才，后来成为了亲手推翻清朝统治的人物之一。

　　这年11月，黄兴创办了华兴会，被公推为会长。他们商定，趁着次年慈禧七十寿辰之时发动长沙起义。不想事情败露，黄兴只得出逃。逃亡日本期间，他遇到了此生最坚定的革命战友——孙中山。

　　黄兴结识孙中山后，两人相见恨晚。孙中山的革命思想让黄兴佩服不已，在黄兴的帮助下，孙中山在日本成立了中国同盟会。而黄兴，也成为仅次于孙中山的领袖。同盟会成立后，两人多方宣传革命思想，组织革命队伍，并在国内策划了多次起义，但都以失败告终。但是革命的种子，已经在这块古老的土地上种下了。

　　1910年，在孙中山的指示下，黄兴开始筹备广州起义。次年，黄兴返回香港，主持起义筹备工作。4月23日，黄兴将手书的绝笔书交给孙中山，表达了自己为革命赴死的决心。当晚，黄兴就带人前往广州，准备发动起义。

　　由于几次意外，起义一再改期。终于在 4 月 27 日，黄兴带人发动起义，并攻入两广总督衙门。黄兴带领一百多人攻进衙门后，发现总督张鸣岐早已逃跑，于是黄兴下令放火，将总督衙门付之一炬。起义军准备撤退时，遭到了巡防营的拦截。由于敌我力量悬殊，许多同志牺牲，黄兴也负伤。

　　眼见起义军即将被围困，黄兴当即下令分头突围。突围途中，黄兴身先士卒，奋勇杀敌，用坚强的意志和毅力冲散了敌人的包围圈。但是等到黄兴回头看的时候，才发现只剩下他一人。广州起义宣告失败。后来有人将广州起义的遇难者尸首收殓，只找到了七十二具，于是一起埋葬在黄花岗，这就是著名的"黄花岗七十二烈士"。

　　接连的失败并没有影响黄兴的革命意志。经过商议之后，黄兴等人决定放弃南部起义，转而从中部发动起义。10 月 10 日，武昌起义爆发。黄兴赶到武汉后，被推举为革命军战时总司令，主持全局，为革命胜利做出了不可磨灭的贡献。

　　次年 1 月，南京临时政府成立，孙中山任临时大总统，黄兴任陆军总长。后来孙中山被迫退位，袁世凯重组内阁。尽管各省呼吁袁世凯让黄兴留任陆军总长，但为了加强对军队的控制，袁世凯还是任命了自己的亲信段祺瑞。

　　1913 年，袁世凯反动的本性暴露无遗，派人暗杀了国民党元老宋教仁。孙中山发起"二次革命"，讨伐袁世凯。黄兴也加入了讨伐队伍。但由于袁世凯的势力庞大，革命党人又缺乏自己的武装力量，讨袁宣告失败。

　　次年，孙中山改组国民党为中华革命党，但黄兴与他产生分歧，拒绝加入。黄兴来到美国继续自己的革命事业。他先是发起了抵制美国政府给袁世凯借款的运动，在袁世凯称帝后又写信给多方势力，动员他们反对倒行逆施的袁世凯。

　　护国战争爆发后，黄兴派自己的儿子和秘书回国，加入到了讨袁护国的运动中。在黄兴和革命党人的努力下，护国战争顺利进行，袁世凯很快倒台。

袁世凯死后，黄兴回国，和孙中山重归于好，重新成为革命伙伴。他们为各省独立的事情多方奔走。1916 年 10 月，为革命事业积劳成疾的黄兴因胃出血住院。31 日，黄兴不幸病逝，享年 42 岁。

黄兴死后，于次月举行了国葬，孙中山亲自为他主持葬礼。著名民主革命家、思想家章太炎先生悲痛之下，写下了这样的挽联：

无公乃无民国
有史必有斯人！

陈天华：纵身一跃警世人

人物名片

陈天华(1875—1905年)，原名显宿，字星台，湖南省新化人，华兴会创始人之一，清末的革命烈士，中国同盟会会员，中国近代民主革命家。所著《猛回头》和《警世钟》成为宣传革命的时代佳作。

东京大森海湾。海面翻滚着，波涛汹涌着，溅起的浪花哗啦啦地扑向岸边，打在每一个路过此地行人的脸上和身上。海风拂过，滔天的海浪声传来，灌进耳朵里，像是诉说着那沉没在这里的一段辛酸历史。

1905年12月8日，陈天华在这里纵身一跃，留下了一段令人唏嘘的革命往事。

时间回到一个月前。当时的日本，迎来了大量来学习先进技术的中国留学生。留学生们年轻气盛，革命情绪高涨，在日本组建了许多革命组织。清政府为了加强对留学生的控制，出台了《清国留学生取缔规则》。该规则规定留学生的各类活动和去处都要登记，甚至通信也要登记。这引起了留学生极大的不满。

留学生们商议之后，形成了两派观点：一派认为应该全部罢课回国，另一派认为应该忍气吞声，以学业为重。两派吵得不可开交，却让日本人看了笑话，嘲笑他们是"放纵卑劣"的一群人。

身在日本的陈天华对此感到无比悲愤，他写了一封《绝命辞》，第二天就跳海身亡。

他为这些留学生感到悲哀。他为祖国感到悲哀。他希望，能够用自己的死，来警醒国人。陈天华革命的一生，正是警醒世人的一生。最后他用自己的生命，践行了自己的理念和追求。

1903 年，陈天华来到日本留学。不久，沙俄侵占中国东北三省的消息传来。值此危难之际，陈天华割破自己的手指，用鲜血写下维护国土的血书，寄到湖南的各个学堂。湖南巡抚读到他的血书，甚为感动，亲自在各学堂宣读血书，还命人将血书内容刊登在报纸上，在全省范围内宣扬。在陈天华的影响下，湖南全省"拒俄运动"的士气高涨。

接着，陈天华接连撰写《猛回头》和《警世钟》两本著作。这两本书用浅显易懂、易于接受的民间文学形式，控诉了帝国主义列强侵华的丑恶行径，批判了清政府的反动腐朽本质，宣传民主革命，并呼吁民众团结起来，共同抵抗帝国主义，建立民主共和国。

陈天华在书中所提到的一些进步主张，在当时是颇为激进的，甚至可以说是前所未有。两本书先后发行后，在社会上引起强烈的反响，起到了积极的宣传革命的效果，为民主主义革命奠定了良好的群众基础和思想基础。

这年冬天，陈天华和黄兴等人一起，秘密组织了革命团体"华兴会"。随后，陈天华前往江西策划军队起义。因为遭到清政府搜捕，陈天华不得不返回日本。次年，他和黄兴一起发动了长沙起义。不料消息泄露，起义失败，陈天华再次返回日本。

1905 年，孙中山在日本创立中国同盟会，陈天华大加赞赏，积极响应。同盟会成立后，陈天华任秘书。他和宋教仁等人一起创办的杂志《二十世纪之支那》也改名为《民报》，成为同盟会的机关报。陈天华在《民报》上充分施展了他的宣传能力和鼓动能力，撰写了《中国革命史论》《论中国宜改创民主政体》等时评文章和政治小说《狮子吼》。

同年《清国留学生取缔规则》颁布，留学生们的行径让日本人看够了笑话。陈天华提笔写下《绝命辞》。他在开头这样写道："今日之中国，主权失矣，利权去矣，无在而不是悲观，未见有乐观者存。其有一线之希望者，则在于近来留学者日多，风气渐开也。……人皆以爱国为念，刻苦学习，以救祖国，由十年二十年之后，未始不可转危为安。"

　　陈天华认为，中国变革的希望就在于留学生。因此，他选择了最极端也最悲壮的方式，给留学生们敲响了警钟。他是中国民主革命的一个号角，他以生命为代价，喊出了最洪亮的声音。

邹容：革命军中"马前卒"

人物名片

邹容(1885—1905年)，四川巴县人(今重庆市)，原名桂文，留学日本时改名邹容。中国近代著名资产阶级革命宣传家，因《苏报》案被当局逮捕，折磨至死。后经孙中山批准，被南京临时政府追赠为大将军。

日本留日陆军学生监督姚文甫的住宅里，灯光大亮，里面不时传出笑闹声。阵阵酒香从住宅里飘出来，惹得路过的行人直抽鼻子。几个中国留学生潜伏在门外，朝四处张望了一会，确认没有异样后，几人一起行动，破门而入。姚文甫的几个宾客看见这个架势，仓皇逃到门外。几个留学生抓住姚文甫的手，另一个人狠狠地打了他几个耳光，边打边说："你这个道德渣滓，不配做中国人!"说着，几个人七手八脚，将姚文甫的辫子剪了下来。之后这几个人一阵大笑，跑了出去。

带头的学生叫邹容。因为看不惯姚文甫勾引别人老婆，道德败坏的样子，就使了这么一个法子，惩罚一下他。没想到，清廷震怒，给日本方面施压之后，邹容被迫离开日本。

邹容从小就是个"刺头"，从来不知道安分。父亲一直希望他能够考取功名，步入仕途。但是接触了《天演论》和《时务报》等刊物后的邹容，对于旧式的封建思想不屑一顾。对于科举考试，他更是完全提不起兴趣。

12岁那年，父亲逼他去参加童子试，不料叛逆的邹容，竟然在考场上顶撞考官，当堂罢考。回家之后，邹容自然遭到了父亲的责骂。邹容不仅不承认错误，还一直为自己辩解。

后来，父亲将邹容送进重庆经学书院，学习儒学经典。但是邹容并没有安分下来，他在书院批判孔孟学说，攻击程朱理学。最后，忍无可忍的书院将他除名。邹容却不以为意。

戊戌变法失败后，谭嗣同等人的死刺激了年少的邹容。离开书院后，他考取了四川赴日本留学的名额。但是被人无辜诬陷之后，他只能自费前往。

在日本，他如痴如醉地学习西方文化知识。同时，他也接触了许多革命分子，致力于参加各类革命活动。回国后，邹容马上投身革命。1903年，邹容参加了"拒俄运动"，并提出组织"中国学生同盟会"的倡议。他号召学生团体团结起来，肩负起反抗清政府的历史使命。

随即，邹容写出了著名的《革命军》一书。写完后他拿给章炳麟先生看，章炳麟赞不绝口，并亲自为其作序。该书出版后，和章炳麟的《驳康有为论革命书》一起，成为宣传革命最有力的论著。

在书中，邹容提出为建立资产阶级共和国，必须先推翻清政府。因此，他号召天下人都起来造反。这本书成为第一本宣传资产阶级共和国的著作，邹容的资产阶级民主革命思想贯穿始终。出版后，这本书如惊雷一般，打在每一个中国人的头上。

正是在这本书上，邹容署名"革命军中马前卒"。事实上，他一直走在宣传革命的前列。

《革命军》出版不久，章炳麟接任《苏报》主笔。《驳康有为论革命书》和《读〈革命军〉》等文章相继刊发出来，《苏报》一时之间成为革命论战的主战场。清廷恼羞成怒，抓捕了章炳麟和一批相关人员。邹容得知消息后，主动自首，进入狱中与章炳麟共患难。《苏报》也在不久后被封。

在狱中，邹容与章炳麟互相激励，并互相赋诗明志。章炳麟赠与邹容一首《狱中赠邹容》，写道："临命须掺手，乾坤只两头。"邹容以一首《狱中答西狩》回应："昨日梦和尔，同兴革命军。"两人的革命热情，在狱中没有丝毫减退。

　　两人都对革命抱有积极乐观的态度。但是，邹容在牢狱之中，受到了太多的折磨，小小身躯无法忍受，1905 年 4 月 3 日，他在病痛之中离开了这个曾经为之奋斗的世界，年仅 20 岁。这位革命的"马前卒"，已经完成了他的使命，而后来的人们，则继承了他的遗志，继续革命，并再造了一个新世界。

林觉民：为天下人谋永福

人物名片

　　林觉民(1887—1911 年)，字意洞，号抖飞，福建闽侯人。中国同盟会会员，黄花岗起义时牺牲，是"黄花岗七十二烈士"之一。就义前留下感人至深的绝笔《禀父书》和《与妻书》并流传下来，为世人传诵。

　　1911 年，谢銮恩带着他 11 岁的孙女，搬到了福州的新居。房子坐西朝东，院子里有苍劲的翠竹和淡雅的腊梅花。小姑娘叫谢婉莹，她就是后来文坛上著名的冰心。小姑娘来到新居之后，一眼就喜欢上了这里。这栋房子，也在以后长久的岁月里，成为她记忆的一部分。然而她不知道的是，这栋房子的上一任主人，此时经历了怎样的悲痛。

　　陈意映和老父亲变卖了这所宅邸后，匆匆离开。她的丈夫叫林觉民，因为参加革命被捕。她知道丈夫危在旦夕，而自己一家人也可能有危险。此时此刻，她依然怨恨着丈夫，怨恨她抛下了自己和一岁的儿子，抛下了全家老小，去参加革命。直到，她收到了那封信……

　　"意映卿卿如晤：吾今以此书与汝永别矣！吾作此书时，尚是世中一人；汝看此书时，吾已成为阴间一鬼……"黄花岗起义三天前，林觉民写下了这封感人至深的《与妻书》。他知道自己有些不负责任，没有尽到一个丈夫的职责。但是国难当头，如果人人只顾小家，那么大家谁来守护呢？他在信中写下了"亦以天下人为念，当亦乐牺牲吾身与汝身之福利，为天下人谋永福也"这样的句子来表明自己的心迹。有些辛酸，但更多的是

59

悲壮。

林觉民回忆起这一生，其实已经没有多大遗憾。他与发妻陈意映早于1905 年就结婚了。两人感情和谐，几乎是一段才子佳人的佳话。但林觉民没有沉溺于男女私情。

接受了进步思想的林觉民，决定开办学校，传授西方知识。同时，他还办了一个阅报所，宣传革命刊物。当时在社会上引起了反响的《苏报》《革命军》《警世钟》等刊物，林觉民都摆在这里，希望能够唤醒更多的民众。

1907 年，为了扩充自己的学识，林觉民自费前往日本留学。在日期间，他与很多革命人士频繁来往，后来加入了中国同盟会，正式成为了革命力量的一分子。

因为学业繁忙，林觉民每年只有暑假的时候才能回国探亲。1911 年春天，林觉民突然回国，这让家人都有些惊讶。林觉民解释说是日本放了樱花假，他陪日本同学回来游玩，顺便回家看看。最终，家人也没起什么疑心，一家人能够团聚本就是好事。

在家中住了几天之后，林觉民来到福建同盟会总部，通报了准备起义的各项事项。接着，林觉民开始联络各地准备响应，并秘密制造了一大批炸药。4 月 9 日，林觉民辞别家人，去了香港。

参与起义的人们陆续赶到香港。起义计划在广州发起，于是林觉民又负责将参加起义的人一批批送到广州。23 日，黄兴也到达广州，主持起义的准备工作。没想到，革命团队内部出了内奸，起义的消息遭到泄露，清廷在广州大肆搜捕革命党人。迫不得已之下，黄兴只得将起义提前到了27 日。

24 日晚上，自觉此行九死一生的林觉民，伏在书桌上，含着泪水，写下了《禀父书》和《与妻书》。写完的时候，他已经泣不成声。忠孝不能两全，家国自有轻重。为了革命事业，林觉民毅然选择牺牲。

27 日，广州起义正式开始。下午，林觉民随黄兴攻入了总督衙门，但总督已经逃走。一把火烧了衙门之后，起义军和巡防营遭遇，展开了激烈的白刃战。起义军奋力作战，但是无奈寡不敌众，最后成功突围的只有黄兴一人。林觉民被俘后随即被杀，其余的人，也都化作了革命的英魂。

广州起义失败后，人们收殓了烈士的遗体，只得到了七十二具，合葬在黄花岗。后人称之为"黄花岗七十二烈士"。年仅 24 岁的林觉民，和众多将士一起，为革命献出了宝贵的生命。他们的付出当然不是徒劳的。仅仅半年后，在更多这些仁人志士的努力下，武昌起义的枪声，就成了清政府的催命符。

徐锡麟：只愿沙场为国死

人物名片

徐锡麟(1873—1907 年)，字伯荪，浙江绍兴山阴东浦镇人。领导了著名的浙皖起义，是一位坚决反抗清廷的革命斗士。因率领学生军起义，失败后被杀。

1873 年，徐锡麟生于浙江绍兴的一个名门望族。他的父亲是秀才出身，当过县吏，家里的田产颇为丰厚。可以说，徐锡麟是含着金汤匙出生的孩子。但命运跟他开了一个不大不小的玩笑。或许他的家人也没有想到，本可以锦衣玉食，无忧无虑度过一生的徐锡麟，最后却走上了艰苦的革命之路。

小时候的徐锡麟十分叛逆，经常顶撞父亲。在成长过程中，随着对社会认识的加深，他对封建制度的不满日益增长。后来他当了教员，但是心里对科举制度的蔑视却越发深重了。

1903 年，徐锡麟在日本参观大阪博览会，一件件文物和名器看得他眼花缭乱。异域的风光和岛上的风土人情都使他耳目一新，突然，他看到了一个中国的古钟，那又老又丑又年迈的古钟，不正如同清政府的腐朽统治么？那一瞬间，悲愤和羞耻还有爱国情怀，都一起涌上他的心头。

经过这件事的刺激，徐锡麟渐渐认识到了清政府的本质。在结识了一批革命人士之后，徐锡麟的思想从改良转变成了革命。《苏报》案发生以后，革命家章炳麟被清廷逮捕，大量留学生自发发起营救章炳麟的行动，徐锡麟也参与其中。

为了宣传革命，徐锡麟决定用自己的方式为革命出一份力。他选择了自己熟悉的行业——教书。回到家乡后，他创办了新式学堂，着重培养军事人才。徐锡麟希望通过这样的军事学堂，培养出一大批忠于革命、军事素质高的后备力量。

同陶成章等光复会会员协商后，徐锡麟又创办了大通学堂。向清政府报备的时候，徐锡麟只说是为了方便征兵。而实际上，大通学堂不仅是培养革命力量的地方，也是光复会的秘密联络地。此后，徐锡麟也加入了光复会，为推翻清朝统治而出力。

光复会的宗旨是通过暗杀和暴动来瓦解清廷的势力。为了方便执行他们的暗杀计划，徐锡麟制订了"入官"的计划。他认为只要通过"捐官"的手段，打入清廷内部，到时候再下手，就简单得多。

计划一开始进行得很顺利，徐锡麟等人顺利通过捐官，得到了去日本学习军事的机会。但由于驻日公使的阻挠，徐锡麟等人的起义计划失败了。徐锡麟不得不另谋他法。

回国后，徐锡麟并没有放弃打入官府的计划。起初，他想通过表叔俞廉三的推荐，进入军政界。为此，他去拜谒了位高权重的庆亲王奕劻。但是奕劻对这个没什么来头的青年并没有多大兴趣。他又想到了手握军权的袁世凯，但是袁世凯也不买他的账。最后，经过多方走动，他才得到了一个筹办安庆陆军小学的差事。此后，在表叔俞廉三的推荐下，精明能干的徐锡麟终于出现在了安徽巡抚恩铭的视野中，并得到了重用。

在去往安庆的途中，许多大通学堂的学生来送行。徐锡麟感慨万千，对学生们说，革命千万不能退缩，这次去安庆，他就是奔着流血去的。

到达安庆后，徐锡麟迅速和秋瑾取得了联系。1907 年，两人商议在安徽和浙江同时发动起义。起义原定于 7 月 19 日发起。结果，某一天恩铭突然拿来了一份名单，是一名被捕的革命党人招供的名单。徐锡麟见自己的别名赫然也在其中，知道大事不妙。

徐锡麟和秋瑾紧急联系后，将起义时间提前至 7 月 8 日。这天是巡警学堂的毕业典礼，届时恩铭等官员都会到场，是起义的好日子。不料，因为恩铭临时有事，他将毕业典礼的时间提前了两天。

7月6日，在准备不足的情况下，徐锡麟被迫发动了起义。在恩铭进入学堂后，陈伯平将事先准备好的炸弹扔向恩铭，但是却没有爆炸。徐锡麟见状，对恩铭连开数枪，恩铭当场身亡。之后，徐锡麟带领学生们攻打军械所，历时4个小时都没能攻下。最后清廷援军赶到，徐锡麟被捕。

次日，对徐锡麟恨之入骨的恩铭亲兵，用酷刑杀害了徐锡麟，并将他的心肝割下来炒菜下酒。但是，徐锡麟用他的生命换来的，是恩铭的死和给清王朝一次沉重的打击。他也给革命路上的后来者，树立了一个无畏的革命榜样。

秋瑾：秋风秋雨愁煞人

人物名片

秋瑾（1875—1907 年），中国女权和女学思想的倡导者，近代民主革命志士。为辛亥革命牺牲的第一批革命先驱，为推翻封建统治和妇女解放运动的发展起到了巨大的推动作用。

秋风萧瑟，泛黄的枫叶缓缓飘落，落在刚刚被雨水浸湿的泥土上。刑场上，被绑着的赫然是一个女子。那女子杏眼圆睁，对行刑的官员怒骂不止，官员恼羞成怒，下令行刑。很快，血色浸润在泥土中，又随着雨水渐渐冲淡了，这丝丝的血迹，流向了四面八方。

秋风秋雨愁煞人。

1904 年，秋瑾抛下了年仅 7 岁的儿子和 3 岁的女儿，独自登上了前往日本的轮渡。她的丈夫王廷钧本是一个生意人，后来捐了一个户部主事，入京为官。但经常与唐群英、葛健豪等革命人士来往的秋瑾，又怎么会甘心做一个家庭主妇呢？

秋瑾不顾丈夫和家人的反对，去日本学习文化知识。在同学集会的时候，她还经常演讲关于女权和革命的理论。在日本，她结识了包括鲁迅、黄兴、宋教仁等革命志士。在一帮仁人志士的帮助下，她创办了《白话报》，以此为阵地宣传女权主义。

秋瑾经常说："女学不兴，种族不强；女权不振，国势必弱。"她认为，女权的兴起，是中华民族崛起的关键。她在报纸上相继发表了《敬告中国二万万女同胞》《警告我同胞》等文章，抨击丑恶的旧制度，号召女同胞加入到爱国救亡的队伍中来。

从日本回国后，秋瑾加入了光复会和同盟会等革命团体。后来，她再次回到日本，到青山实践女校学习。1905 年，清廷颁布《清国留学生取缔规则》，对留学生加以控制。对是否接受此项规则，留学生们分为两派，吵得不可开交，让日本人看了笑话。革命宣传家陈天华为此跳海殉国。次年，秋瑾怀着愤懑和不甘的心情回到了祖国。

回国后的秋瑾，为宣传女权思想而四处奔走。她并和一帮革命同仁秘密联系，策划在长江流域发动起义。萍浏醴起义爆发后，秋瑾等同盟会会员积极响应。随着萍浏醴起义的失败，秋瑾的起义计划也被迫停止。

这年，为了革命事业不牵连到家庭，她回到家乡宣布，与家庭脱离关系。面对两个孩子的挽留，她毅然地奔赴革命战场。

四处筹措经费之后，《中国女报》终于在秋瑾等人的努力下创刊。秋瑾为报刊写了发刊词，提倡女学，宣扬女权。

1907 年，秋瑾进入大通学堂，负责主持校务。大通学堂表面上是一个普通的新式学堂，但其实是光复会成员的秘密联络点。光复会以此为据点，默默培养了一批革命军事骨干。

为了方便统一指挥，秋瑾将浙江地区的光复会会员都编成了光复军，并将"光复汉族，大振国权"作为口号。经历了前期的准备工作之后，秋瑾开始策划新一轮的起义。她计划从浙江起义，与安徽的徐锡麟遥相呼应，打清廷一个措手不及。

起义尚未开始，秋瑾就收到了安徽的徐锡麟起义失败的消息。从部分被捕人员的口中，秋瑾的名字泄露出来。这时候，大家都劝秋瑾赶紧离开，秋瑾拒绝了。她说，革命要经过流血才会成功。于是，她遣散了其他人，自己留守大通学堂。

7 月 14 日下午，清军包围学堂，秋瑾被捕。在狱中，清军没能够从她的口中得到任何有用的信息。从秋瑾口中吐出的，只是一句"秋风秋雨愁煞人"。次日，秋瑾在那苍凉的秋风中从容就义，年仅 32 岁。

她的事迹传播开来，激励了无数革命人士。辛亥革命成功后，孙中山亲自到秋瑾墓前祭拜，并写下"巾帼英雄"四个字，这是这个国家能送给她的最好礼物了。

郑观应：习兵战不如习商战

郑观应(1842—1922 年)，本名官应，字正翔，号陶斋，别号杞忧生。广东香山(今中山市)人。是中国近代最早具有完整维新思想体系的理论家和启蒙思想家。同时，他也是实业救国的先行者。

道光二十二年(1842 年)，郑观应出身于广东一个知识分子家庭。他的家庭并不富裕，在"买办"阶级迅速兴起的社会背景之下，郑观应的叔父郑廷江和宗兄郑济东都做了买办。后来，童子试未中的郑观应弃学从商，跟着叔父四处奔走经商。

郑观应很刻苦，一边跟着叔父学习商业知识，一边抽时间学习英语。知识分子出身的他对西方的文化知识产生了浓厚的兴趣。

同治十二年(1873 年)，刚过而立之年的郑观应受聘为太古轮船公司的总买办。他根据自己商海打拼多年的经验和谋略见解，总结了许多办轮船公司的方法。在他的经营下，太古轮船公司后来居上，超越英美轮船公司，发展速度令人惊叹。同时，他还参与投资了一批洋务派创办的企业，与李鸿章等人交往频繁。

光绪三年(1877 年)，创立了轮船招商局的李鸿章看上了郑观应这位经商奇才。但是郑观应在太古轮船公司的挽留下，续约了五年。五年之后，依旧不死心的李鸿章亲自出马，劝说郑观应转投轮船招商局。在郑观应看来，此时的招商局"若不早日维持，恐难自立，我国无轮船往来各通商口岸，更为外人所欺辱"，因此，被爱国热情激发的郑观应答应出任轮船招商局帮办。

上任之后郑观应就写下了救弊大纲十六条呈交给李鸿章。大纲从用人、赏罚、企业经营等方面提出了许多建设性意见，在李鸿章批示之后付诸实施。此外，为了制止太古、怡和洋行的削价竞争，郑观应亲自与两家洋行交涉，先后签订了合同以保证正常的价格竞争。在他的治理之下，轮船招商局很快恢复了元气，股票市值大幅上涨。也因此，郑观应被李鸿章提拔为轮船招商局总办。

在创办企业的同时，郑观应的爱国热情从未停歇。山西、河南、陕西等地发生灾荒时，他与一批企业家联手创办筹赈公所，筹集善款。光绪六年（1880 年），郑观应刊行《易言》一书，提出自己的改良主义思想。在书中，郑观应第一次提出，强国之道在于商战。他指出，如果国家要富强，就必须学习西方，加快工商业发展，鼓励民办企业。此外，他还大力宣扬议会制度，主张中国实行君主立宪制。

此后的十余年郑观应都忙于商务，心力交瘁。后来他干脆隐退，专心修订《易言》。光绪二十年（1894 年），巨著《盛世危言》诞生。一年后甲午中日战争爆发，郑观应因为这本书再次成为焦点人物。书中他提出了"习兵战不如习商战"的观点，也提出了更为明确的政治改良方案。这本书刊印之后很快流行起来，尤其是得到光绪皇帝的认可后，影响更为深远。

次年，郑观应出任汉阳铁厂总办。这个诞生于洋务运动时期的钢铁企业陷入了前所未有的困境中，郑观应出于时局考虑，决定义务出山。虽然是义务，但是郑观应办起事来毫不拖拉，招募民间股本，改进生产以及培养技术人才的整顿措施，让汉阳铁厂起死回生。

1911 年，时任邮传部尚书的盛宣怀不听郑观应劝告，极力主张铁路收归国有，激起民愤后不但置之不理，还枪杀请愿群众。在同盟会的策划下，辛亥革命爆发。延续数千年的封建王朝统治，就此被推翻。

后来袁世凯窃取了辛亥革命的胜利果实，郑观应的改良思想再次遭到挫败，晚年的他便将主要精力放在了教育上。民国十一年（1922 年）五月，郑观应在上海提篮桥招商公学宿舍病逝，享年 80 岁。

陶行知：人民教育家

人物名片

　　陶行知(1891—1946年)，安徽歙县人，人民教育家，思想家，爱国者，中国人民救国会和中国民主同盟的重要领导人之一，为我国教育的现代化做出了重要贡献。

　　漫漫归国路。在这一年，学成归来的陶行知即将回到他心心念念的祖国。青年陶行知从未如此地思念过自己的家乡。汽笛声催，陶行知手提行李踏上夹板，回到生养他的地方。此刻，他尚不知等待着自己的，将是什么样的使命。他怀着一颗赤子之心，迫切地想利用自己学到的知识为祖国献上一份绵薄之力。

　　回国后，陶行知先后任南京高等师范学校、国立东南大学教授等职。慢慢的，陶行知似乎找到了祖国给他的"天命"，将自己的知识如同播种一样传播给学生，他乐此不疲。

　　可是，在长时间的教书实践中，陶行知也逐渐地发现了很多问题，教育大业，关乎人民，关乎国家。可如今的中国教育，却是在怎样一个背景之下？封建社会荼毒尚未祛除，帝国主义的文化侵略亦如猛虎一般对中国的教育不断冲击，无数的平民子弟接触不到知识，这使陶行知痛心疾首。在教书育人的同时，陶行知也在慢慢地思考着改变，想以一己之力，变个朗朗乾坤出来。可教育改革，谈何容易？

　　没有任何踌躇，陶行知开始了他的教育理论研究。以西方的教育理念结合他长时间的教育实践，一点点地打磨一套完善的适合国情的教育理

70

论。无数个日夜，白天站在三尺讲坛上传播知识后，他又在漫漫长夜的灯下执笔写作。就这样，他提出了"生活即教育""社会即学校""教学做合一"的理论，为中国的新式教育打下了坚实的基础。

在进行理论研究的同时，陶行知也一直坚持教书育人。通过长时间的实践，他看到了许多"怪现状"。我国某些地区，教育的命脉却被攥在他国手中。教育是国家大计，怎能受他人牵制？陶行知怀着一颗爱国之心，毫不犹豫地投入到了对教育权的争夺中去。1917 年底，陶行知、蔡元培等人成立了中华教育改进社，积极反对帝国主义的文化侵略，主张收回教育权。此种举动进一步推动了近代教育事业的改革，使得中国的教育事业开始走向独立。

爱国路上，从不缺乏先行的赤子。陶行知像一个苦行僧，他改革的脚步虽慢，却一步一步，踩得坚实。不忘初心的陶行知仍记得所看到的情景：无数的平民子弟接触不到教育，沦于浑噩。教育是国家大计，应关切到每个中国人。陶行知不止步于长吁短叹，他要将那中国的教育，换个新天。

谁说农民没有接受教育的权利？中国三亿农民，若都能得到教育，国家将会是前所未有的强盛！在 1923 年成立中华平民教育促进会总会之后，他便奔波各地开办平民识字读书处和平民学校。在一步步的实践后，中国的教育事业焕然一新，一种新的风气洋溢在整个教育界。陶行知将知识的火种播撒，他坚定地相信，这些火种，终有那燎原之日。

可陶行知不满足于此，他想要的是彻底的创新和开拓，他真正的目的，是希望能通过教育的改革来影响整个中国。从此他的教育走向新的季节，迎来了他的转折点：他明白了教育是要为革命服务的。

1927 年他创办晓庄学校，1932 年创办生活教育社及上海工学团。"一二·九"运动后，受到中国共产党的帮助和影响，陶行知进一步认识到教育应为民主革命和民族革命作贡献。1946 年 1 月，陶行知在重庆创办社会大学，推行民主教育，以培养革命人才为己任。将革命与教育相结合后，陶行知看见了光明的方向，并坚定地朝前行进着。

1946 年 7 月 25 日，早已积劳成疾的陶行知因劳累过度，又受到外界刺激，突发脑溢血，抢救无效，在上海逝世，享年 55 岁。事业未竟，却已将一生奉献。

陶行知生前被毛泽东、宋庆龄称为"万世师表"、"人民教师"，他将一生投入教育。"行是知之始"，陶行知身体力行，以坚韧的意志一步步将教育事业推入一个新的时期，从此化身教育史上不可避开的一座丰碑。其奉献于革命事业的心脏，亦化作光明，照亮了崭新的路途。

第二章

马列春风　风雨如磐

李大钊：铁肩道义骨铮铮

李大钊（1889—1927 年），字守常，河北乐亭人，毕业于东京早稻田大学，中国共产党主要创立人之一，中国最早的马克思主义者和共产主义者之一，中国国民党第一届中央执行委员会委员之一，也是在北伐时期推动国内统一的重要人物之一，同时为共产国际的成员及其在中国的代理人。

1943 年的一个春日夜晚，著名女作家李星华回想起她那为革命牺牲的父亲，悲从中来。她提笔写下了《十六年前的回忆》一文："1927 年 4 月 28 日，我永远忘不了那一天。那是父亲的被难日，离现在已经十六年了。"她的父亲，就是伟大的马克思主义者、杰出的无产阶级革命烈士李大钊。

1889 年秋季，李大钊出生于河北省乐亭县。

那时的中国正处在帝国主义列强加紧侵略和封建统治愈益腐朽而造成的深重灾难之中，国家和民族濒于危亡的边缘。希望的烛火在风中摇摇晃晃，但总有那么一丝光亮。

进入 20 世纪，辛亥革命爆发，新文化运动涌起。特别是五四运动的发生，使中国社会出现了曙光初现的变化。这种变化触碰到了青年李大钊的内心深处土壤，在那里埋下了一颗种子，等待着发芽。

1916 年，李大钊从日本早稻田大学毕业后，买好了回国的船票。站在甲板上，他不禁开始思索他在日本的三年求学经历。这三年他学习很刻苦，除了专业知识，还接触了马克思主义，这对他影响很大。马克思主义就像一阵春雨，浇灌了他心中的种子，从此生根发芽，开枝散叶。

回国之后，李大钊积极探索马克思主义救国之路。他积极参加新文化运动，宣传"民主""科学"精神，抨击旧礼教、旧道德，向封建顽固势力展开了猛烈斗争。

就在李大钊回国一年后，在离中国 5800 千米的俄国，"十月革命"胜利的火焰烧红了天空。玄火延起，烧到了正在苦苦挣扎的神州大地，照亮了李大钊期盼着祈冀着的目光。他大受鼓舞，兴奋地写下了《庶民的胜利》《布尔什维主义的胜利》等一系列文章，讴歌"十月革命"。他以敏锐的眼光，深刻认识到这场革命将对 20 世纪世界历史进程产生划时代的影响，也从中看到了中华民族争取独立和中国人民求得解放的希望。在宣传"十月革命"的过程中，他自己的觉悟得到迅速提高，从一个爱国的民主主义者转变为一个马克思主义者，并且成为我国最早的马克思主义传播者。

星星之火，可以燎原。1919 年 5 月 4 日，伟大的五四爱国运动爆发。这是中国近代历史上第一次彻底的不妥协的反帝反封建的爱国运动。李大钊热情投入并参与领导了五四运动。在这场运动之后，他更加致力于马克思主义的宣传，做了大量工作。他在《新青年》发表的《我的马克思主义观》，系统介绍了马克思主义理论，在当时的思想界产生了重要影响。

在李大钊和其他爱国志士的不懈努力下，两年后的 1921 年，中国共产党宣告成立，这是中国近现代史上开天辟地的大事件，中国革命的面貌从此焕然一新了。

五卅运动爆发后，李大钊等人在北京组织了 5 万余人的示威游行，因而被北洋政府通缉，被迫逃入东交民巷俄国兵营。1927 年 4 月 6 日，张作霖派军警突袭搜查苏联大使馆，李大钊全家同时在苏联大使馆被捕。

1927 年 4 月 28 日，北京。

本应明媚的世界黯淡无光，就连日光仿佛都带了一层黑纱。

刑场上的李大钊望着照在绞刑架上没有一点点温度的阳光，坚毅的脸上露出了一丝轻蔑的微笑，他并不惧怕死亡。肉身可以毁灭，但理想与信念，永远不死。

丧心病狂的刽子手为了折磨这位伟大的共产主义战士，故意延长行刑时间。48分钟，整整48分钟，绞刑实施了三次。苏醒，昏迷，再苏醒，再昏迷……李大钊没有屈服，直到生命的最后一刻。

没有什么可以阻挡中国革命者的脚步，刽子手的狞笑和折磨都算不了什么。中国革命在牺牲者的血泊中继续前进，直至获得伟大的胜利。这就是中国精神，这，就是中华民族的脊梁。

董必武：信是坚贞永不磨

人物名片

　　董必武（1886—1975年），湖北黄安（今红安）人。中国共产党的创始人之一。中华人民共和国开国元勋，党和国家的卓越领导人，中国社会主义法制的奠基者。

　　有一种声音，震彻历史的长巷；有一个人物，闪耀历史的长河；有一个梦想，照亮中国的未来；有一个名字，记下中共的成长。从青春到耄耋，他没有放弃探索；从青丝到白发，他没有放弃努力。他，就是董必武，中国共产党的创始人之一。

　　出身于教师家庭的董必武，良好的教育是必不可少的。加上他天资聪慧，不仅18岁考中了秀才，还接受了新式教育。在上中学的时候，社会上活跃着的各种革命团体影响了青年董必武，一颗革命救国的种子在他的心里悄然发芽。

　　1914年，怀揣着梦想的董必武登上了远赴日本的轮渡，他向自己深爱着的祖国大地投下了深情的一瞥，望着前方并不平静的大海，心中暗暗发誓，学成后一定回来。

　　在东京私立日本大学，董必武一边学习法律，一边在迷茫中探索。

　　怀揣着迷茫，28岁的董必武见到了大自己整整20岁的民主革命先行者孙文（孙中山）先生。从那以后，他就加入了同盟会，成为了民主革命的坚定拥护者。即使是后来反袁失败之后自身陷入危险，他也毫不犹豫地加入了中华革命党，坚决拥护革命。

一年之后，董必武回到了自己朝思暮想的故国，开始策动反袁军事活动，不幸身陷囹圄。可他没有放弃，牢狱之灾磨炼了他的意志，使他的革命步伐更加坚定。

1918年，伟大的共产主义战士李汉俊从日本回国，成为了董必武的马克思主义理论老师。在李汉俊的影响下，董必武意识到"中国的独立，走孙中山的道路是行不通的，必须走列宁的道路"。心中的疑云从此消散，他逐步实现了由激进民主主义者到共产主义者的重大思想转变，在马克思主义的道路上坚定地走了下去。

1920年，他和陈潭秋等同志共同创建了武汉共产主义小组。他刻苦攻读马克思列宁主义著作，注意联系中国的国情和革命实践经验，从事各种革命活动。1921年，他出席中国共产党第一次全国代表大会。随后，任中共武汉地方委员会书记、中共湖北省委委员，还兼任了一系列重要职务。虽然很忙，但只要一有空，董必武就会刻苦学习马克思主义理论知识，提高自己的思想境界和知识水平。

1927年国共第一次合作破裂，大革命失败后，国民党反动当局重金通缉董必武，然而他毫不畏惧，将革命活动转入地下，继续自己的事业。

1932年，从苏联学习归来的董必武进入了中央革命根据地工作。两年以后，中国工农红军第五次反"围剿"失败，年近半百的董必武随着千千万万普通的工农红军开始了充满着艰难险阻的二万五千里长征，爬雪山，过草地，吃树根，啃树皮，但他依旧保持着乐观的革命精神。在行军路上，这位老人不仅没有受人照顾，反而去照顾那些妇女们。他始终乐观坚强，即使摔倒在泥坑里也不忘自嘲"泥人董"，"四渡赤水若等闲，大渡天险亦心坦"。这首董必武作于延安的诗作，就是他当时内心的真实写照。

解放战争时期，他前往华北，任中共中央工作委员会常委和华北财经办事处主任，紧张地投入支援解放战争的工作。那时，他已经年过花甲。

中华人民共和国成立后，董必武积极参与社会主义革命和社会主义建设，为新中国的巩固和发展竭尽全力，尤其是在新中国的民主法制建设中做出了卓越的贡献。

　　1975 年，董必武已经是耄耋之年，九十大寿那天，他写下了这样一首诗：

　　　　　　九十光阴瞬息过，吾生多难感蹉跎。
　　　　　　五朝弊政皆亲历，一代新规要渐磨。
　　　　　　彻底革新兼革面，随人治岭与治河。
　　　　　　遵从马列无不胜，深信前途会伐柯。

　　可以说，这，就是董老一生的心得与体会。
　　一个月后，1975 年 4 月 2 日，伟大的革命家董必武走完了他光辉灿烂的一生，留给我们的，只有仰望。

陈潭秋：向黑暗作斗争的革命战士

人物名片

陈潭秋(1896—1943年)，名澄，字云先，号潭秋，湖北黄冈县(今湖北省黄冈市黄州区)人。无产阶级革命家。陈潭秋是中共一大代表，是中国共产党的创始人之一。

陈潭秋是何许人也？

早在1920年，陈潭秋就和董必武一起，参与了武汉共产主义小组的建立。1921年，陈潭秋参加了中共一大。后来，陈潭秋将精力都用在组织工人运动上，为无产阶级革命打下坚实的群众基础。

1930年，任满洲省委书记的陈潭秋前往哈尔滨视察。召开工作会议时，因为聚会时间过长，被国民党特务盯上。随后，陈潭秋被敌人逮捕。落入狱中的陈潭秋咬紧牙关，没有让敌人从他口中得到任何有用的信息。

幸运的是，国民党并不知道他们抓的是陈潭秋，中国共产党的创始人之一。被关押了两年后，在组织的营救下，陈潭秋出狱了。

回到中央苏区后，陈潭秋任福建省委书记，继续被委以重任。前往苏联学习了一段时间后，陈潭秋任中共驻新疆代表。

当时的新疆是军阀盛世才的地盘。新疆对于苏联的战略意义极大，因此盛世才和苏联的关系密切，对中共代表也持欢迎态度。

德军突袭苏联后，苏军节节败退，国土大量丧失，自顾不暇，盛世才觉得苏联已经没有利用价值，对中共的态度也渐渐恶化。陈潭秋在这种复杂的环境下，和盛世才展开了巧妙的斗争。

陈潭秋将《新疆日报》作为宣传马克思主义，宣传中国共产党的基地。针对在新疆各地出现的反共势力，陈潭秋经常刊发我党一些领导人的文章对反动言论进行批斗。他自己也经常撰写文章，揭露野心军阀盛世才的虚伪面目。

与此同时，陈潭秋对于党风的建设也极其关心。他对新兵的思想教育和党史课非常注重，大力加强新兵的思想政治工作，保证了集体的凝聚力。经过他训练和教育后的新兵，回到延安后很快成为革命的有生力量，投入到了抗日斗争中。

很快，盛世才见风使舵的本质暴露出来。为了保存党的力量，陈潭秋决定安排党员们尽快返回延安。陈潭秋将新疆的情况向中央汇报后，中央同意了撤退的请求。

但是，当时通往延安的路都被国民党封锁了。迫于无奈，留在新疆的中共党员只能先撤往苏联。时间紧急，与苏联驻新疆领事馆取得联系后，陈潭秋迅速制订了撤退计划。他将人员分为三批，干部和航空队员先行撤退，干部家属其次，办事处的少数工作人员和自己最后。有人建议他第一批走，但是被陈潭秋拒绝了。他说："安排大家离开是我的任务，只要还有一人留在这里，我就不能走！"

为了讨好蒋介石，1942年，盛世才发动了震惊中外的"新疆事件"，软禁了陈潭秋、毛泽民等中共党员和60多名家属。陈潭秋写信要求盛世才释放被抓人员，盛世才自然不会放人。

在狱中，陈潭秋受到了严刑逼供。遭受酷刑之后的陈潭秋丝毫没有松口，还大骂盛世才卖友求荣。

9月27日，正是一个秋风萧瑟的夜晚，刚刚沉下的落日，余晖还映在地上，给戈壁滩铺上一层异样的秋装。

盛世才的手下推开牢房门，进来假惺惺地劝降一番，结果被陈潭秋痛骂。于是盛世才亲自出马，给陈潭秋打电话。陈潭秋将盛世才也一并痛骂，还狠狠地把电话摔在了地上。恼羞成怒的敌人狠心杀死了陈潭秋。

为共产主义事业奋斗终生的陈潭秋，将他的风骨和气节，永远地留在了那一场秋风里。

李达：鹤鸣九皋济天下

人物名片

李达(1890—1966年)，字永锡，湖南零陵人，中国共产党主要创始人之一，中国著名的马克思主义启蒙思想家，知名的马克思主义理论家。曾任中共一大、二大和八大代表，历任湖南大学校长，武汉大学校长。

1890年10月，在潇湘之地，物产富饶的零陵，一位中国共产党的创始人，伟大的马克思主义战士，来到了这片狼烟四起的土地。他是李达，字鹤鸣。

李达出身佃农家庭。他天资聪颖，5岁识字，7岁拜了一位秀才为师，正式开始了他的学习生涯。他不仅认真学习课内的知识，对古典名著、数学和自然科学也是非常喜爱，常于课余时间认真钻研。他从小就养成了对真理的不懈追求和探索的习惯，这为以后探索救国的真理奠定了坚实的基础。

在救国的道路上，李达有过三次探索。1905年李达考上了零陵等八县的最高学府永州中学，刚开始他成绩并不好，然而他十分刻苦努力，一个学期过去就成为了班上第一。中学毕业后，李达以优异的成绩考入北京京师优级师范学校(北京师范大学前身)，并立志教育救国。

不幸的是，1912年的北平烽火连天，学校暂时停办。求学路被迫中断的李达无奈地收拾行李，回到了远在湖南的家乡。他的第一次探索以失败告终。

一年以后李达考取湖南留日官费生，赴日本留学。机会来之不易，李达分外珍惜。他孜孜不倦地学习日语、英语和德语，最后因为操劳过度，染上了肺结核，不得不回国休养。

病愈之后，1917 年李达再次赴日，官费考入日本第一高等学校（后改称东京帝国大学）学习理科，并立志"实业救国"、"科技救国"。然而五四运动爆发后，留日学生回国请愿的失败，给了李达很大的打击，他意识到在反动政府的统治下，"实业救国"、"科技救国"都是行不通的，第二次探索也以失败告终。

那么，什么，才可以挽救危难中的中国？李达为此彻夜难眠。

俄国"十月革命"的一声炮响，给中国革命送来了马克思主义，革命先行者李大钊和陈独秀等人大力宣传社会主义，宣传救国救民的真理。希望的光芒如同春风一般吹醒了沉睡的大地，也给苦恼中的李达指明了前行的方向。

1919 年 6 月李达毅然放弃了理科专业的学习，开始专攻马列主义。期间，李达为国内的进步报刊撰写了大量有关马列主义方面的文章，在马列主义救国之路上迈开了坚定的步伐。

1920 年夏天，李达抱着"寻找同志干社会革命"的目的，登上了回国的轮渡。他先去上海拜访了陈独秀，得知陈独秀与李汉俊正在积极筹建中国共产党，于是他欣然接受了陈独秀的邀请，两人成了一生的战友。李达长久的探索之路，也终于找准了方向，那就是马克思主义。

后来因为组织内部意见的分歧，李汉俊遂把党员名单及所有文件都交给了李达，要李达代理总书记职务。这样，从 1921 年 2 月到中共"一大"召开，李达一直代理着"总书记"的职务并担负"一大"的发起与组织工作。这期间，为了更广泛地传播马克思主义，李达与中国早期的马克思主义者一道，对国内各种反马克思主义和非马克思主义的思潮展开论战，成为宣传马克思主义的先驱者之一。

中华人民共和国成立后，李达担任过政务院文化教育委员会副主任等职。但李达不慕荣利，决定回到家乡继续他的教育事业，为国家培养人才。1949 年 12 月 2 日，李达被毛泽东任命为湖南大学校长，他是由中央政府最早任命的大学校长之一。1952 年 11 月李达又被任命为武汉大学校长，在桃李园里辛勤地耕耘着。

"文革"前夕，由于李达指出林彪的"顶峰论"违反辩证法，被诬陷为"毛泽东思想最凶恶的敌人"而惨遭迫害，开始了无休无止的批斗。1966 年 8 月 24 日，树上的野蝉无力地鸣叫着，李达含冤合上了心有不甘的双眼，走完了他奋斗的光明的一生，终年 76 岁。

1980 年 11 月，中共中央书记处批准中共湖北省委的决定，为李达平反昭雪，恢复党籍，终使这位伟大的马克思主义战士含笑九泉。

真理永远值得我们去探索，正义在中国共产党的领导下永远不会缺席。"鹤鸣于九皋，声闻于野。"十四年过去，终平反昭雪；马列主义生生不息，希望的光芒，永不泯灭。

李汉俊：坚如猛士敌场立

人物名片

李汉俊（1890—1927年），湖北潜江人，原名书诗，又名人杰，号汉俊，是中国共产党创始人之一。早年留学日本，毕业于东京帝国大学，回国后主要从事著书和翻译工作，积极宣扬马克思主义。后因为"二·七"大罢工和多次揭露蒋介石的可耻行为，于1927年被捕，同年遇害，年仅37岁。

1927年，对于中国共产党来说，是个沉痛的岁月。1927年4月，伟大革命家李大钊牺牲。同年12月，仅比李大钊小1岁的李汉俊遇害。李汉俊，以他精湛的马克思主义理论，成为年长他4岁的董必武的老师。在中国共产党的发展历史上，他的马列主义水平鲜有人比得上，而他为了中国的未来，把生命永远定格在了37岁这个美好的年纪。

1890年的中国风雨飘摇，鸦片战争过去了半个世纪，中国大地上已是处处狼烟。生于一个普通家庭的李汉俊，因为父亲是私塾老师，所以从小就接受了良好的教育，自幼便有了救国救民的理想。

20世纪初，中国被世界列强大肆侵占瓜分，各地仁人志士不断举起反帝、反封建统治义旗，清政府处于风雨飘摇之中。

在哥哥李书城的好友吴禄贞的资助下，年轻的李汉俊与哥哥李书城留学日本。在哥哥和众多革命仁人志士的影响之下，李汉俊的报国之情日益强烈。他认识了不少革命先辈，最后都成为一起并肩作战的战友。

在日本的日子里，李汉俊宵衣旰食，刻苦学习。他成绩优异，通晓日、德、英、法四国语言。当时的日本社会主义运动风起云涌，马克思主义的浪潮一浪高过一浪。在这样一股社会风气的影响下，李汉俊认真学习马克思主义原著，苦苦思考救国的道理。

1918 年，28 岁的李汉俊获得了东京帝国大学工程学士学位，但他选择回国，回到了最需要他的地方。回国之后他住进了哥哥李书城在上海的家里，开始了他的翻译救国工作。他用所学的知识大力宣扬马克思主义和俄国"十月革命"精神，以极高的热情走上了马列主义救国之路。

不仅仅是以翻译救国，李汉俊还在各大报刊上发表了众多文章，大力宣传马列主义和俄国"十月革命"的胜利，声称"只有发动广大民众起来，进行阶级斗争，实行彻底的改造，才能达到推翻封建社会的目的"。他所译的《马克思资本论入门》是《资本论》最早译成中文的读本，对马克思主义在中国的传播起到了巨大的推动作用，因此他成为了中国共产党创立时期最有影响的政治家、思想家之一。

在众多先辈和李汉俊的不懈努力之下，1921 年，中国共产党第一次全国代表大会在上海召开。最开始的会址是在上海法租界李汉俊的哥哥李书城的家中。7 月 30 日晚，因为计划的泄露，会议开始没多久就遭到了敌人的搜查。就在这千钧一发的时刻，李汉俊挺身而出，以房主的身份用法语流利作答，从容对付敌人盘问，最终化险为夷。为避开敌人的视线，7 月 31 日，大会改在嘉兴南湖的一艘画舫上继续举行。

下午 6 时左右，大会完成了所有的议程，胜利闭幕。

1923 年 2 月 7 日，在吴佩孚的命令下，湖北督军萧耀南借口调解工潮，诱骗工会代表到江岸工会会所"谈判"。工会代表在去工会办事处途中，遭到反动军队的枪击，赤手空拳的工人纠察队当场被打死 30 多人、打伤 200 多人，造成了震惊中外的"二·七"惨案。

随后京汉铁路总工会发动罢工，李汉俊便是组织者之一。他为了胜利奔走呼号，积极联络各方力量。不幸的是罢工以失败告终，李汉俊被通缉，不得已从武汉逃往上海，最后一路北上到了北京。然而他没有放弃，依旧以笔为枪，在革命的道路上冲锋陷阵。因为多次揭露蒋介石的可耻行为，12 月 17 日，李汉俊突然被捕，当晚英勇就义，用鲜血和生命捍卫了中国的革命之路。

时过境迁，我们虽然不知道那个黑色的冬夜里，李汉俊究竟忍受了怎样的折磨，又说了些什么。但我们知道他在生命的最后一刻肯定毫无惧色。既然选择了为中国共产党奋斗终生，又何必后悔？何惧风险？

此心光明，亦复何言。吾往矣，纵只有三十七。

邓恩铭：君恩长铭至舜尧

人物名片

邓恩铭（1901—1931年），又名恩明，字仲尧，贵州荔波人，水族。中国共产党创始人之一，山东中共党组织的创始人。五四运动爆发后，邓恩铭积极响应北京学生爱国运动，组织学生参加罢课运动。1931年英勇就义，年仅30岁。

1901年的贵州山区，"天无三日晴，地无三里平，人无三分银"，是一片贫瘠的土地。水族同胞们就世世代代生活在这片土地上，伟大的无产阶级革命家邓恩铭就出生在这里。

邓恩铭自幼家境贫寒，所幸可以在亲友的资助下读书。他六岁读私塾，十岁进入荔泉书院。六年后毕业，走出了那座大山，去了有外国租界的山东半岛，在二叔的资助下进入济南山东省立第一中学读书。

山东半岛虽然富饶，但当时已经沦为租界。租界灯红酒绿，纸醉金迷，然而华人却受着极为不公的待遇。这一切，深深刺痛了邓恩铭的神经，革命的火种在心中燃烧。

1919年，邓恩铭18岁，正是青春活力的年纪。

那年的5月4日，伟大的五四爱国运动爆发。在五四爱国运动的影响下，他积极参加反帝反封建的斗争，并在斗争中接受了马克思主义，为以后的道路确立了方向。他沐浴在马克思主义的春风里，如同一株幼苗，茁壮成长。

还是学生的邓恩铭和他的好友一起鼓励大家抵制日货，反对卖国条约，积极参加宣传、演讲、罢课、游行等活动，很快成为学生界有影响的人物之一。这为他以后的革命道路奠定了坚实的基础。

1920年底，俄国"十月革命"胜利已经三年，邓恩铭等人发起组织了"马克思主义研究会"，他和好友经常在一起阅读马克思、恩格斯的著作和介绍苏维埃俄国的书刊，欲借鉴俄国成功的经验，探索革命救国的道路。

1921年7月，邓恩铭代表山东的济南共产主义小组，赴上海出席中国共产党第一次全国代表大会，与其他代表共同创建了中国共产党。在12名党的创始人中，有两名来自济南，一个是王尽美，另一个就是邓恩铭。当时邓恩铭年仅20岁，是12名代表中年纪最轻的，也是唯一的少数民族代表。

1922年1月的莫斯科寒风料峭，邓恩铭参加了共产国际召开的远东各国共产党和民族革命团体第一次代表大会，受到列宁的亲切接见。他在苏俄参观时，面包分配标准给他留下了深刻印象：红军士兵2磅，工人1.5磅，机关人员1磅，共产党员3/4磅。有着极高思想政治觉悟的邓恩铭从面包分配标准中看到共产党员应该做出的表率作用，并终生以此要求自己。

四个月后，邓恩铭回到了山东，他一方面大力宣传社会主义的优越性，另一方面致力于党组织的发展和山东工人运动的发动。他的叔父发现他参加革命活动，既惊又怕，极力阻挠，要他安分守己，求取功名。他父母也在家乡给他定了亲，来信催逼他回家结婚，以此来拖住他。可邓恩铭的革命决心毫不动摇，他在给父母的信中说："……儿主张既定，决不更改。"表达了他在革命道路上义无反顾的崇高精神。

1925年2月8日，邓恩铭组织领导青岛胶济铁路工人大罢工，成立了胶济铁路总工会，威震千里胶济线，迫使铁路局答应了工人的部分要求。两个月后，邓恩铭又组织领导了青岛纱厂工人大罢工，成为"五卅运动"的先导。罢工工人达到1.8万人，形成了青岛历史上震惊中外的第一次罢工高潮。他还参与领导了四方机厂的工人大罢工和青岛全市工人大罢工，组织成立青岛市各界联合会和市总工会。在斗争中，他充分发挥了组织和领导才能，使罢工取得了全面的胜利。

他在青岛的活动，引起了反动当局的极大惊恐，国民党山东当局对他恨之入骨，恨不得将他生吞活剥。1929 年 1 月 19 日，因叛徒告密，省委机关遭到破坏，邓恩铭在济南被捕，受尽了折磨。但他坚贞不屈，并且在法庭上和监狱里同敌人作了英勇的斗争，帮助战友越狱。

1931 年 4 月 5 日，年仅而立之年的邓恩铭面对敌人的枪口仰天长笑，大义凛然，坚贞不屈，英勇就义。

"不惜唯我身先死，后继频频慰九泉。"如今已是八十多年过去，无数的烈士用鲜血染红了天边的红霞，给了我们无限的光明。英烈的英魂与天地兮比寿，与日月兮齐光！

朱德：一生戎马，不世功勋

人物名片

朱德(1886—1976年)，字玉阶，原名朱代珍，曾用名朱建德，伟大的马克思主义者，无产阶级革命家、政治家和军事家，中国共产党、中国人民解放军和中华人民共和国的主要缔造者和领导人之一。中华人民共和国十大元帅之首。

朱德是一位功勋卓著的伟大军事家。他的一生经历了旧民主主义革命和新民主主义革命。在每次革命中，他始终都站在时代的前列，站在战争的前线。他始终保持着高昂的斗志，击溃一切敢于反抗的反动势力。但他的内心深处，仍然向往着和平，他愿意为此奋斗终生。

朱德的60寿辰上，周恩来写下了这样的祝词："你的革命历史，已成为20世纪中国革命的里程碑。"这一点都不夸张。

朱德投身革命的时间，比党内绝大多数人都要早。1909年，他加入了孙中山先生领导的中国同盟会。1911年，他参加了云南的辛亥革命武装起义。1915年，倒行逆施的袁世凯复辟帝制，朱德又积极参加了讨袁战争。接着，北洋军阀把持军政，胡作非为，1917年时任滇军旅长的朱德，参加了反抗北洋军阀统治的护法战争。

后来，朱德逐渐接触到了马克思主义，萌生了加入中国共产党的想法。1922年7月，他特地去上海拜访了陈独秀，提出了自己的想法。但是鉴于中国共产党从未有过接纳国民党高级军官的先例，因此陈独秀拒绝了他。

朱德毫不气馁，继续寻找机会。期间，他去拜访孙中山的时候，孙中山提出让他重整滇军，去攻打广东的军阀。但是心意已经不在国民党身上的朱德拒绝了这个提议。随即，他奔赴了当时工人运动发展最为迅速的欧洲，见到了中共旅欧支部负责人周恩来。他诚恳地向周恩来讲述了自己的革命经历，要求加入中国共产党，最终成功。

当时的朱德，放弃的不止是滇军旅长的身份。他在国民党军界已经是小有名气的将军，待遇也十分优厚。但他依然放弃了这些，选择加入中国共产党，从新兵开始做起。

1927年，朱德和刘伯承、周恩来、叶挺等人一起发动了南昌起义，揭开了武装反抗国民党反动统治的序幕，也为人民军队的创立，奠定了重要基础。

8月1日凌晨，朱德等人领导两万多人的起义军，发起南昌起义。经过几个小时的激烈战斗，南昌城内的守军被清剿一空。起义军经过初步的整编之后，为保存革命力量，向南方进发。

起义军一路南下，占领瑞金后，准备向会昌进发。蒋介石调集嫡系部队，准备在会昌占据有利地形，集中兵力阻击起义军。前敌委员会当即做出决定，在敌人没有会合之前，主动出击，将其各个击破。

8月30日，朱德奉命率部在会昌东北部发起攻击。经历一番血战后，起义军拿下会昌，大败敌军。可是，随后的战争形式越来越严峻，起义军到达赣南天心圩时，主力部队只剩下1500人。军心动摇之下，全军士气大跌，不少人都对革命失去了信心。朱德立即召开军官大会，发表讲话，鼓舞士气。

之后，朱德对部队进行了一系列的整顿和训练。在之后的广州起义、湘南起义中，给予了敌人沉重的打击。井冈山胜利会师之后，军队正式改编。在人民军队的创建过程中，朱德的贡献有目共睹。朱德任工农红军第四军军长期间，毛泽东任党代表，这支军队也被称为"朱毛红军"。在朱德和毛泽东的带领下，这支军队迅速成长起来，"朱毛"的名声也逐渐打响。

在此后长期的革命斗争中，朱德几乎一直都是人民军队的最高军事首长。从红军总司令到八路军总司令再到中国人民解放军总司令，朱德的名字，和人民军队紧密地联系在了一起。

中华人民共和国成立后，朱德毫无争议地成为开国十大元帅之首。他对中国人民解放军的现代化建设，也起到了关键作用。1976 年，他在北京病逝后，毛泽东称他为"人民的光荣"。这是对他戎马一生的肯定和赞扬，也是人民对他的缅怀和敬仰。

刘伯承：神机妙算，一代军神

人物名片

刘伯承(1892—1986 年)，原名刘明昭，曾用名刘伯坚，重庆市开州人。中华人民共和国元帅，伟大的无产阶级革命家、军事家、马克思主义军事理论家，军事教育家。是中国人民解放军缔造者之一，为我国的国防建设和社会主义建设事业做出了杰出贡献。

刘伯承是新中国开国十大元帅之一。他戎马一生，建功无数。他是军中的儒将，被毛泽东誉为当代孙武。他用兵如神，甚至连敌人都不得不称赞他。他是解放军的"军神"，是不可多得的将才。

1911 年辛亥革命爆发后，刘伯承就立志从军。之后他在军事学堂系统学习了军事理论，又自学了《孙子兵法》等古代兵书，学业出众。

毕业后，他参加了讨袁战争、护法战争以及北伐战争。1926 年，刘伯承加入中国共产党。次年，他与朱德、叶挺、周恩来等人领导了震惊中外的南昌起义。

红军长征期间，刘伯承任红军总参谋长。1935 年 1 月，刘伯承指挥红军先头部队智取遵义，甩开了国民党主力军，使得红军获得了宝贵的休整时间。遵义会议召开后，他坚决拥护毛泽东的主张，协助毛泽东指挥红军顺利会师。

1937 年抗战爆发后，刘伯承任八路军 129 师师长，在太行山地区作战。面对气焰正盛的侵华日军，刘伯承经常激励士兵，激发他们的信心。在晋冀鲁豫抗日根据地，刘伯承率领部队，对日军发起了一系列战役，极大地打击了日军嚣张气焰。

在抗日战争中，刘伯承以他的神机妙算和用兵如神而著称。敌人往往猜不到他的计划，但他对敌军的动向却了若指掌。刘伯承指挥的神头岭战役，就是一个非常鲜活的例子。

1938年，日军调集三万兵力向山西发起进攻。为了牵制日军，刘伯承发动了长生口战役，取得了一些战果。刘伯承认为日军一定会调兵增援，于是计划在神头岭发起伏击。

拿到地图后，很多人都觉得神头岭不适合伏击。他反驳了大部分同志的观点。他说，因为大家都觉得这里不适合伏击，所以日军才不会警惕，伏击的成功率更高。到实地考察时，刘伯承细心地发现地图与实地有出入，于是马上命人修改了地图，重新部署战术。

刘伯承将国民党在这里修建的一些废弃工事进行了隐蔽和伪装。日军通过这里时，丝毫没有料到会有伏击，被打了个措手不及。战斗很快结束，刘伯承的部队消灭了1500多名敌人，缴获各类枪支550多支，销毁汽车100余辆。事后，连日本的报纸都惊叹刘伯承的神机妙算。

国共内战爆发后，刘伯承出任晋冀鲁豫野战军司令员。刘伯承和邓小平指挥部队，连续挫败了国民党的数次进攻，解放了大片地区。1947年6月，刘伯承根据中央的决定，冲破了国民党的黄河防线，历经28天的苦战，歼灭敌军4个整编师共6万余人，吹响了解放军反攻的号角。

8月，刘伯承做出了千里挺进大别山的重大决定，直捣国民党统治腹地。刘邓大军在大别山地区，远离解放军的根据地，既没有后勤补给，也没有友军支援。在这样恶劣的环境下，刘伯承指挥军队，相继粉碎了33个旅对大别山的进攻。随后10个多月的时间里，刘伯承率部歼敌30多万人，解放了100多个县城，开辟并扩大了中原解放区。毛泽东将挺进大别山称为中国革命"历史的转折点"。

在之后的淮海战役和渡江战役中，刘伯承也贡献了不少力量，加速了国民党反动政权的灭亡。

刘伯承除了擅长打仗之外，还是一位杰出的军事理论家和军事教育家。新中国成立后，为了培养军事人才，储备军事力量，在刘伯承的建议下，成立了中国人民解放军军事学院。刘伯承出任院长兼政治委员。为了办好这个学院，刘伯承呕心沥血，亲自编译教材，选拔教员，制定教育方针。

有一次，临近开课，学校还缺少一门教材。刘伯承便关起门来，埋头写了一个星期，出来之后又去试讲，然后逐字逐句改到满意为止。在军事学院七年多的时间里，刘伯承为我国的军事教育，做出了卓越的贡献。

1986年，刘伯承在北京病逝。陈毅元帅曾用"论兵新孙吴，守土古范韩"这样的句子，给予了刘伯承极高的评价。他的一生，除了戎马一生留下的赫赫战绩，还留下了390万字的军事著作，他是当之无愧的"军神"。

贺龙：两把菜刀闹革命

人物名片

贺龙（1896—1969年），原名贺文常，字云卿，湖南桑植人。无产阶级革命家、军事家，中国人民解放军的创始人和主要领导者之一，中华人民共和国元帅。为中国的旧民主主义革命、新民主主义革命、社会主义革命和建设建立了卓越的功勋。

贺龙是十大开国元帅之一，在他长期的战争生涯中，"两把菜刀闹革命"的故事总是被人津津乐道。而鲜少有人知道的是，贺龙这样的经历，其实有两次。

贺龙生于湖南省桑植县的一个贫困家庭。当时在桑植附近，有一个芭茅溪盐税局。这个盐税局一共有12个人，12条毛瑟枪。他们收的税高，交不起税就扣人扣货。当地的老百姓对他们恨之入骨。

1916年3月，贺龙组织了二十几个人准备起义。村里的老人知道了，就劝他们停止，说会杀头的。虽然贺龙等人不在意，但是村里的消息越传越开，最后弄得满城风雨。不得已，贺龙只能带着二十几个人和两把菜刀出发了。

这天，天还没亮，贺龙带着人来到盐税局门口，悄悄摸了进去。这时盐税局的队长已经醒了，见到有人闯门，马上反应过来，准备跑回屋里拿枪。贺龙眼疾手快，跳上前去，挥起菜刀，一刀结果了队长。

接着，贺龙带着人冲进了局长的屋里，缴获了八条枪。贺龙把菜刀放在局长的脖子上，逼问他另外四条枪的下落。局长吓得瑟瑟发抖，哪里还敢出声，只是脑袋朝楼梯边歪了一下。贺龙马上带人上楼，不料楼梯已经被上面的人抽掉了。

众人正在想办法上楼，贺龙已经跨上一个人的肩膀，准备爬上去。楼上的税兵见状，用一把椅子打了过来，贺龙用菜刀一拨，将椅子拨飞老远。接着贺龙反手一刀砍在了税兵腿上，税兵吃痛蹲下，其他人顺势爬上了楼，缴获了剩下的四条枪。最后，一群人烧了盐税局，带着 12 条枪走了。

回到桑植后，贺龙成立了讨袁民军，而后率领民军攻打县城杀了城内的恶霸。后来，讨袁民军被编入蔡锷的讨袁护国军，贺龙靠两把菜刀，将20 多人最终发展到了一个营。

8 月，贺龙因刺杀军阀失败而被捕。得救出逃后的贺龙再次回到家乡组织革命队伍。

在路上，贺龙与结拜兄弟吴佩卿的侄孙吴玉霖相遇。吴玉霖表示要跟他一起参加革命，贺龙欣慰地答应了。吴玉霖说他没有枪，但是有两把菜刀，面对贪官污吏，他绝不手软。贺龙觉得有意思，就回应他说："菜刀也是武器，也能闹革命。现在我也没有枪，你给我一把好不好？"两人一拍即合，在边走边聊的时候，远远地看见了一顶轿子。那是去慈利县上任的县长的轿子。轿子后面有两个护卫，一人背着一杆枪。贺龙看见后，就笑着对吴玉霖说："看，我们马上就有枪了。"于是，两人藏在一个拐角的偏僻处隐蔽起来，等轿子经过的时候发起突袭，砍死了护卫，抢到了枪。两人也不恋战，抢到枪就赶紧跑了。跑到石门南乡之后，贺龙开始组织革命队伍。

次年 1 月，贺龙已经召集了 18 人。他带着这 18 个人和三条枪，参加了反对北洋军阀反动统治的援鄂战争。不久后，他遇到了澧州援鄂民军游击司令王子才。王子才很欣赏贺龙，就给了他一个营长的职务。部队前往石首的时候，副司令拉了一部分人和枪跑了，王子才也不想再带这支队伍，就全交给了贺龙。

于是，贺龙稀里糊涂就变成了游击司令，由两把菜刀，发展到了 100

多人 70 多条枪。后来贺龙在填写履历的时候，写道："1917 年底，曾用两把菜刀，发展到百余人的队伍，任援鄂军第一路总司令所属之游击司令。"

三湾改编时，毛泽东为了鼓励士气，拿贺龙的事迹举例说："贺龙两把菜刀起家，现在当军长，带出了一个军。我们现在不只两把菜刀，我们已经有了两个营的兵力，还怕干不起来吗？"

从讨袁战争一直到解放战争，贺龙在数次革命战争中，都有杰出的贡献。新中国成立后，贺龙又投身于社会主义建设的事业，积极参与了新中国的国防建设和经济建设。

1969 年，贺龙在"文革"中被迫害致死。直到 1982 年，他才得以彻底平反。他为共产主义事业不断奋斗的一生，是革命的一生，是光辉的一生。

任弼时：中国人民的骆驼

人物名片

任弼时(1904—1950年)，原名任培国，湖南汨罗人。是一位伟大的马克思主义者，杰出的无产阶级革命家、政治家、组织家，中国共产党和中国人民解放军的卓越领导人，也是以毛泽东同志为核心的中国共产党第一代领导集体的重要成员。

2014年4月26日，人民大会堂高调举行了任弼时同志的一百一十周年诞辰。他是第一个倒下的开国元勋。在革命时期，他就积劳成疾，还遭受过敌人的严刑拷打，因此落下了病根。叶剑英曾这样评价他："他是我们党的骆驼，中国人民的骆驼，走着漫长的艰苦道路，没有休息，没有享受。"

1922年就加入中国共产党的任弼时，是一个老党员。他在党内一直以坚韧刻苦著称。他在历次革命斗争中，功勋赫赫。从土地革命到抗日战争再到解放战争，他始终坚持自己的信念，任劳任怨，同反革命势力作斗争。即使被逮捕，也表现出坚定的革命气节，用自己的智慧化险为夷。

1928年10月，时任中共中央委员的任弼时来到安徽工作。由于安徽各地党组织遭到破坏，大量优秀党员被捕或被杀。因此，任弼时带着中央的命令和精神，前来主持恢复工作。

15日，任弼时在参加会议的途中，因为叛徒告发而被捕。被捕后，任弼时镇定自若，任敌人怎么审问，他也只说自己叫胡少甫，是个做生意的。敌人气得对任弼时施加各种酷刑，任弼时就是不承认。

没有得到想要的信息之后，敌人只好将任弼时押往安庆。在敌人将任弼时准备押上轮船的时候，任弼时在人群中看到一张熟悉的面孔。定睛一看，原来是自己的老乡彭佑亭。彭佑亭是个商贩，看到任弼时正准备打招呼，任弼时赶紧使了个眼色，示意他不要开口。

这时，周围走过来看热闹的人越来越多，押送任弼时的人看着心烦，就喊了一声："有什么好看的，一个赤脑壳。"任弼时灵机一动，赶紧挣扎起来，大声喊着："可不能冤枉好人啊，我姓胡不姓赤，是个老实本分的生意人……"任弼时看似是在交代自己的家世背景，其实把自己妻子的地址，都告诉了一旁的彭佑亭。彭佑亭心领神会，全都记下了，然后找到了任弼时的妻子陈琮英，告诉了她任弼时被捕的消息。

陈琮英得到消息后，迅速汇报给了党组织。这时，任弼时已经被关押在安庆的饮马塘监狱。敌人用上了各种酷刑，连番审问，任弼时就是咬定自己原来的供词不松口。审问无果后，任弼时被监禁起来。

中共中央得知了任弼时的消息后，也积极展开了救援行动。中央先为任弼时请了一个律师，然后设法将任弼时的案件从安庆转到了安徽省高等法院。接着，按照任弼时的口供，陈琮英在法院一一对质，敌人丝毫挑不出毛病。因为任弼时报的店铺其实是他的堂兄开的，并不是任弼时随口编的。无奈之下，敌人只好放人。

同年，任弼时在上海主持工作时，被上海租界当局逮捕。当时，他身上还携带着一份重要文件。为了不让敌人得到文件，任弼时趁着巡捕没有注意的时候，将文件塞到口中，吞掉了。因此，巡捕搜身时，搜遍了他的衣服，也只搜出一张月票。这张月票上写的地址，又刚好是一处毁于火灾的房子，因此巡捕没有搜到任何有用的信息。

但是外国警探还是觉得任弼时有问题，于是动用了电刑，在任弼时的背上烙出两个拳头大的窟窿。任弼时痛得昏死过去。敌人又用冷水将任弼时泼醒，苏醒后的任弼时仍然没有招供。眼见任弼时一副宁死不屈的模样，敌人觉得他更像共产党，于是继续严刑拷打，希望能在他身上得到有用的信息。

后来，在周恩来的努力下，任弼时才得以获释，但是从此便落下了病根。此后的革命岁月中，他经常感到头晕和身体虚弱，再加上他不知疲惫地工作，以致积劳成疾。

1949 年中华人民共和国成立之际，他已经无法下床，只能在收音机中感受开国大典的盛况。次年 10 月，任弼时不幸病逝，年仅 46 岁。在葬礼上，周恩来失声痛哭，毛泽东也满面悲戚地为他扶柩送行。

叶挺：在烈火与热血中永生

人物名片

  叶挺（1896—1946 年），原名叶为询，字希夷，号西平，广东惠阳县人，是中国人民解放军创始人之一，著名军事家。参与指挥过南昌起义和广州起义，抗日战争时期出任新四军军长。1989 年 11 月，被中央军委冠以"中国人民解放军军事家"的称号。

  有人说，如果叶挺不是死得那么早，那么开国十大元帅的名单可能会换一换。虽然只是一个假设，但是从这句话里，不难看出叶挺的军事能力和他在人民军队的影响力。

  叶挺的一生，和军事紧密地联系在了一起。他在广东陆军小学堂毕业，又去了湖北武昌陆军第二预备学校攻读军事知识。最后，他从保定陆军军官学校走出来，开启了他的军事人生。

  1919 年，刚刚毕业不久的叶挺加入了建国粤军。随即，加入中国国民党，追随孙中山先生的步伐。1920 年，在建国粤军攻打桂系军阀莫荣新的战役中，叶挺依靠自己的军事谋略，击溃了四倍于己的敌人，一时名声大振。

  1924 年，去苏联学习后，叶挺开始信仰共产主义，加入了中国共产党。次年，叶挺参与组建了第四军独立团，出任团长。

  1926 年，叶挺率军北伐。6 月 5 日，叶挺率独立团击溃了投靠吴佩孚的四个团，进入湖北通城县。当地的许多热血青年，听说了叶挺的名声以后，纷纷赶来投奔独立团。这其中包括了后来以身殉国的革命烈士吴国珍。在攻打汀泗桥的战役中，吴国珍立下了不小的功劳。

正面攻打汀泗桥受阻后，叶挺改变了策略，出其不意地翻过大山，绕到敌人侧背部发起突袭，击溃了守军。接着他又率部攻打贺胜桥。他采取的战术是先攻破一点，而后主力军沿着这一点向纵深推进，预备队则在后面不断增援。最终，在被敌军三面围困的情况下，叶挺独立团势如破竹，不断突破敌军的核心阵地，胜利占领了贺胜桥。

在汀泗桥战役和贺胜桥战役获胜之后，叶挺独立团收获了"铁军"的美誉。叶挺也因为连战连克，被称为"北伐名将"。

1927年，叶挺与周恩来、朱德、刘伯承等人一起发动南昌起义，叶挺任前敌总指挥兼十一军军长。同年12月发动广州起义，叶挺任工农红军总司令。起义失败后，由于遭受王明等人的无端指责，叶挺退出共产党。

此后几年间，叶挺流亡国外，革命热情也差点丧失。周恩来与他促膝长谈之后，叶挺饱受启发，重新找回了自信。日本发动"九一八"事变后，叶挺回到了祖国。

1937年，抗日战争爆发，叶挺任国民革命军新编第四军军长，被授予中将军衔。次年，他率部在皖南地区粉碎了日军的扫荡。抗战期间，虽然他没有重新加入中国共产党，但是他贯彻了中国共产党的正确路线，率领新四军在敌后作战，给予了正面战场很大的帮助。

1941年1月4日，叶挺率部在向北转移的过程中，遭到了国民党七个师的突然袭击。叶挺指挥部队奋起反击，血战七个昼夜，最后弹尽粮绝。将近一万人的部队，只有两千人得以生还。副军长项英在战斗中牺牲，叶挺也在和国民党谈判时被强行扣押。这就是蒋介石发起的皖南事变。

对于蒋介石的威逼利诱，叶挺毫不动容。被捕后，叶挺在狱中写下了著名的《囚歌》，以明心志：

为人进出的门紧锁着，

为狗爬出的洞敞开着，

一个声音高叫着——

爬出来吧，给尔自由！

我渴望自由，

但我深深地知道——

人的躯体怎能从狗洞子里爬出！

我希望有一天，

地下的烈火，

将我连这活棺材一齐烧掉，

我应该在烈火与热血中得到永生！

事后，虽然蒋介石迫于形势，收敛了反共活动，但是叶挺依然被囚禁。直到抗战胜利后的 1946 年，在中国共产党的多方努力下，叶挺才得以出狱，并重新加入中国共产党。

4 月 8 日，叶挺乘坐飞机由重庆飞往延安。不料，途中飞机失事，叶挺遇难离世。叶挺的死讯传出后，《解放日报》刊登了毛泽东的悼词："为人民而死，虽死犹荣。"

叶挺虽然没能够看到新中国的成立，但他功绩被人们记在了史册上。除了"中国人民解放军军事家"这一称号外，他还被确定为"36 名开国军事家"之一。在民主革命的烈火和热血中，叶挺将军的英灵，一定能够永生。

第三章

峥嵘岁月　舍生取义

夏明翰：血肉凝成革命诗篇

人物名片

　　夏明翰(1900—1928年)，字桂根，湖南省衡阳县人。夏明翰是无产阶级革命家，革命烈士，参加组织过秋收起义。1928年被敌人逮捕杀害。被评为"100位为新中国成立作出突出贡献的英雄模范人物"之一。

砍头不要紧，

只要主义真。

杀了夏明翰，

还有后来人。

　　这首大义凛然的《就义诗》是革命烈士夏明翰在刑场上提笔写下的。他的一生，正如这首诗的风格一样，充满了对革命的热情和乐观，并且为了追寻真理，不怕牺牲。

　　1900年，夏明翰生于一个家境优渥的书香门第。对于苦难的旧社会劳苦大众来说，夏明翰的生活是无忧无虑、自由自在的。但是正是在如此环境中成长起来的夏明翰，却透过自己的家境，看到了黑暗的社会环境，从而奋起抗争，走上了革命之路。

　　1919年，五四运动兴起，夏明翰与许多思想激进的同学一起传播反对帝国主义的进步思想，并担任湘南联合会的总干事。期间，他带领学生团体进行了一系列爱国行动，成长为一个坚定的革命者。

次年，他结识了毛泽东。经毛泽东等人介绍，夏明翰顺利加入中国共产党。1922 年，湖南劳工会领导人黄爱与庞人铨在领导工人运动时，被赵恒惕政府残忍杀害。毛泽东意识到了事情的严重性，找到夏明翰等人商讨对策，最后决定由夏明翰组织各界游行，对赵恒惕政府的罪行进行控诉。

1924 年，夏明翰任中共湖南省委委员，负责组织农民运动。在夏明翰的领导下，湖南的农民运动轰轰烈烈地开展起来。他不仅注重农民的组织和教育，更注重农运干部的培养。在他任职期间，一大批优秀的农运干部成长起来。在推动农民运动的过程中，他还将自己的弟弟妹妹都派到家乡开展农民运动。在夏明翰的努力下，一时之间，湖南成为全国农民运动的典范。

1927 年 2 月，毛泽东为了加快农民运动的进程，在武汉创办了中央农民运动讲习所。由于夏明翰在主持湖南农民运动中的优异表现，毛泽东写信给夏明翰，将夏明翰调来讲习所工作，担任秘书。

4 月，蒋介石在上海反动"四·一二"反革命政变，大肆捕杀共产党员。得知这一消息的夏明翰悲痛不已，挥笔写下了一首表达自己革命志向的"反诗"：

越杀胆越大，杀绝也不怕。
不斩蒋贼头，何以谢天下！

6 月，毛泽东回到湖南策划秋收起义。夏明翰也回到湖南，协助毛泽东落实秋收起义的各项事宜。9 月，秋收起义爆发，但是在反动派的压制下，起义受挫，毛泽东被迫转移到井冈山开辟革命根据地。夏明翰留了下来，负责继续组织起义，配合井冈山地区的革命斗争。

1928 年，夏明翰被组织调到湖北工作。但是由于叛徒宋若林的出卖，夏明翰被军警逮捕。在狱中，夏明翰遭受了多次审判，但是始终没有透露共产党党组织的任何信息。敌人问他："你姓什么?"夏明翰答："我姓冬。"敌人再问："你明明姓夏，不要胡说!"夏明翰轻蔑地笑了一声，接着说：

"你们能把黑的说成白的，好的说成坏的，杀人说成救人，卖国说成爱国。按照这个逻辑，我当然不姓夏，应该姓冬。"敌人说不出话来，只得放弃了对他的审问。

3月20日，夏明翰被押送到刑场。行刑前，敌人问他还有什么话要说。夏明翰想了想，让敌人给他拿来了纸笔，写下了那首表明心志的《就义诗》，从容赴死。

夏明翰是一位爱国的革命烈士。他坚定的革命意志，没有倒在敌人的枪口之下，反而用另一种方式传扬开来。他用自己的血肉，为曲折的革命之路谱写了一首壮丽的诗篇。

邓中夏：先行者的脚印

人物名片

邓中夏（1894—1933年），字仲澥，又名邓康，湖南省宜章县人。邓中夏是中共早期为数不多的理论家之一，他对新民主主义革命理论的形成做出了重要贡献。

南京城中，雨花台下。枪支，士兵。倒在地上披头散发的人身上满是伤痕。黑夜已悄悄转向黎明。

"邓中夏，你，到底说不说?"枪口已指向头颅。

"你们拷问了我这么久，我可曾说过什么?"满是血污的脸上看不清表情，却仍从疲倦的话中听出情绪：是不屑，更是坚定。

军官不再对从此人身上套出话抱有希望，喝令行刑。枪响之后，身躯倒地。在1933年的9月21日早晨，伟大的革命战士、马克思主义理论家邓中夏英勇就义。

邓中夏于1917年考入北京大学中文系学习。邓中夏在校期间，俄国爆发了"十月革命"，其影响传到中国，振奋了大批的有志之士。在这种背景下，邓中夏自然也受到了影响。此时，在北京大学任教的李大钊注意到了邓中夏，在李大钊的指引下，邓中夏开始研究在当时尚未传播开来的马克思主义，并积极投入到反帝爱国斗争中去。

早期的邓中夏对马克思主义思想的研究尚不成熟，但他懂得"学以致用"的道理，并活跃在工农群众之间。有一次，他到大街上去动员人力车夫罢工以增加待遇，但响应者甚少。警察来后砸了车，车夫们便揪着邓中夏索赔。此事让邓中夏受到许多人的不解和嘲讽，连父亲也断了对他的接济。邓中夏却不气馁，他在这次"罢工"中深化了对马克思主义的理解，也总结了经验教训。在这之后，他于1920年末到北京长辛店铁路工厂办劳动补习学校，中共开展的现代职工教育运动就从这里开始。

为开展"平民教育"，邓中夏首先开办工人识字班。一开始，这个举动并没有受到工人群体的理解和支持，甚至要给予工人一定的利益他们才肯来上课。在邓中夏的耐心引导之下，工人们终于意识到了知识的重要性，并在下工之后自觉来识字班接受识字教育。邓中夏在进行教育的同时，也在工人群体中推进马克思主义思想的传播，试图唤醒工人阶级的意志和觉悟，让工人阶级能奋起斗争，成为革命的力量。

为了团结工人阶级，邓中夏领导了许多工人运动，为工人运动做出了极大的贡献。

1925年邓中夏在广东领导工人罢工时，遇到了层层阻碍。可是他并没有退缩。他积极到社会中去动员各界人士，争取他们的支持。同时，他加强了对罢工工人的安置工作，就连工人们衣食住宿的安排，也亲力亲为。经过不懈的努力，罢工运动在社会上取得了巨大的反响，而作为罢工运动领导者的邓中夏也得到了工人阶级的高度评价，被工人们亲切地称为"工人政府的总理"。

领导工人运动之余，他还四处演讲动员，使更多的人参与到革命中来。1933年，在革命同志陷入危难之时，他积极组织救援，将自身安危置之度外，四处奔走演讲、召开会议。同年5月，邓中夏不幸被捕。狱中的他仍保持着革命志士的高度纯洁性，以视死如归的态度面对国民党的严刑拷打。当狱中秘密党支部的领导派人与邓中夏谈话时，邓中夏出语铿锵有力："就是烧成灰，也是共产党人！"这样一句宣誓一般的话语感动了其他的共产党人。

1933年9月21日，邓中夏在雨花台从容就义，享年39岁，死前仍高呼"共产党万岁"。英年早逝，可歌可泣。如今，邓中夏因在马克思主义传播中的成就和为革命做出的贡献，被载入史册，他的铜像和其他的革命先烈一起，凝视着后来者。

蔡和森：计大体功利，不计小己利害

人物名片

蔡和森（1895—1931年），字润寰，号泽膺，湖南省双峰县永丰镇人。中国共产党早期的重要领导人，杰出的共产主义战士，无产阶级革命家、理论家和宣传家。

1908年，蔡和森一家正为生计而发愁，正值13岁的蔡和森只好到当地一家辣酱店当学徒以维持生活。虽然身在市井，但蔡和森从小立志读书，三年学徒期满后，便马上进入了永丰国民小学读书识字，后只用了一个学期，就越级考入了双峰高等小学。1913年，蔡和森考入湖南省第一师范学校。在这个地方，他结识了许多革命战友。

在湖南一师的时候，以毛泽东等人为代表的一大批进步青年正打算做一番大事。志同道合的蔡和森在与毛泽东等人相识之后便结为挚友，冥冥之中，他们以炽热的爱国心互相吸引，此后相继走上革命道路也就成为必然。在校期间，蔡和森同毛泽东等人一起组织了进步团体新民学会，并创办了《湘江评论》，积极参加五四运动。恰同学少年，风华正茂。谁也没预料到，当时的书生意气，此后竟成为革命的火种。

1917年秋，蔡和森全家迁到岳麓山荣湾镇刘家台子。蔡和森从湖南第一师范学校毕业后，寄居在半学斋杨怀中先生的寓所，与毛泽东、罗学瓒、张昆弟等青年畅谈革命理想，并着手准备建立革命团体，希望能够将心中向往的革命事业变为现实。1918年4月14日，蔡和森、毛泽东及其他有志青年在蔡和森的家中正式成立了新民学会，并通过了《新民学会章程》，确立了这个革命团体的方向。

1918 年 6 月蔡和森受新民学会的委托，赴北京准备赴法勤工俭学事宜。在给革命伙伴毛泽东的信中，他提到了马列主义的合理性："只计大体之功利，不计小己之利害，墨翟倡之，近来俄之列宁颇能行之，弟愿则而效之。"在新民学会会友中，蔡和森第一个吹响了欢迎"十月革命"的号角。

1919 年 12 月 25 日，蔡和森与母亲、妹妹以及同为进步青年的向警予一起来到法国。次年 2 月，蔡和森进入了蒙达尼男子中学学习。在法国期间，蔡和森刻苦研读马克思主义著作，认真研究马克思主义思想，总结俄国"十月革命"的经验，进而成为了一个坚定的马克思主义者，共产主义斗士。1920 年 5 月，蔡和森冲破旧有的婚姻制度，与志同道合的向警予在蒙达尼结为伉俪。

1920 年 7 月初，来到法国的新民学会成员在蒙达尼男子中学的教室里举行了五天会议，会上蔡和森提出了以"改造中国和世界"为学会的方针，使新民学会的活动有了更加明确的方向，得到了大家的赞成。1921 年 7 月，蔡和森与工学世界社成员开会讨论建立共产党的问题。同年蔡和森在法国发起了建党活动，组织了中国共产主义青年团旅欧支部。

1921 年 10 月，具有不屈不挠抗争精神的蔡和森因领导留法勤工俭学学生进行各种革命斗争，被法国政府强行遣送回国。年底，蔡和森回国，在上海经陈独秀等介绍加入共产党，正式成为一名共产党员，并在中共中央从事党的理论宣传工作，成为中国共产党早期重要的理论家和宣传家。1922 年 9 月，担任《向导》周报主编的蔡和森，组织发表了大量宣传马列主义和中国共产党党纲的文章，揭露和批判了帝国主义和封建军阀，推动了反封建的进程，为国共合作大革命高潮的到来做了大量的准备工作。1924 年，蔡和森以其深厚的理论基础出版了《社会进化史》一书。

1925 年，蔡和森领导了五卅运动。蔡和森以中国共产党的名义发表了《告全国民众书》，以丰富的斗争经验将这场运动发展到了广州、香港等城市。1925 年底，他又在莫斯科中山大学作了《中国共产党史的发展》长篇讲演，详细阐述了无产阶级是"革命的领导阶级"，农民是"工人阶级的同盟军"的理论，对中国无产阶级革命成功的必然性作了论证，赢得了满堂喝彩。讲稿出版后，成为中国共产党的第一部党史著作。

1927 年春，蔡和森在大革命面临失败的危急关头，对党内右倾机会主义错误进行了严肃批评，并提出了自己的解决方案。此后，蔡和森的革命斗争被迫转入地下。1931 年 6 月，蔡和森因叛徒出卖在香港被捕。8 月 4 日，蔡和森在广州军政监狱英勇就义，年仅 36 岁。为信仰捐躯，死得其所，蔡和森的所作所为值得所有后来人景仰。

赵世炎：生如夏花，自有灿烂

赵世炎（1901—1927年），字琴生，号国富，笔名施英，重庆酉阳人。中国共产党早期杰出的无产阶级革命家、卓越的马克思主义理论传播者、著名的工人运动领袖、中国共产党的创始人之一。1927年不幸被捕牺牲。被评为"100位为新中国成立作出突出贡献的英雄模范人物"之一。

1912年，年仅11岁的赵世炎从学堂回家。母亲本来微笑着出来迎接小儿子，但是看到赵世炎的头发之后，大惊失色："儿啊，你的辫子呢?"赵世炎毫不在意："这是封建的辫子，我不喜欢，便剪了。"母亲听闻之后直骂赵世炎不懂事。听到动静的父亲出来看到这一幕，却开明地点了点头，肯定了儿子的做法。

稍微长大一些的赵世炎，接触到了更多的革命思想。16岁那年，《新青年》出现在赵世炎的视线中。这份思想革新的报纸使得赵世炎对革命的看法有了极大的改观。从此，他投身到了新文化运动的洪流当中。

1919年，赵世炎结识了李大钊等人后，革命思想更进一步，并创办了《工读》杂志。他在包括《工读》在内的多家进步刊物上撰文，宣传反抗帝国主义的思想，主张社会主义。加入中国少年学会之后，他在五四运动中带领广大师生团体进行爱国运动，革命热情高涨。

1920年，赵世炎赴法国留学时，与张申府、周恩来共同发起成立旅法中国共产党早期组织，后来又成立旅欧中国少年共产党。1924年回国后，赵世炎即被委以重任，协助李大钊在北方地区开展革命斗争。

次年，上海爆发了震惊中外的"五卅惨案"，为了镇压工人运动，租界当局开枪射杀工人和无辜路人。事发后，国际国内爱国人士纷纷发起行动，声援上海的工人运动。赵世炎在天津等地组织了一系列罢工、罢课和游行等爱国运动，有组织地将群众力量运用到了反抗帝国主义的斗争中，起到了显著的效果。

1926 年，经过赵世炎等人的努力，北方多个省市都有了中共的党组织，党员数量迅速发展。在他们的带领下，北方的革命形势一片大好。3月 18 日，赵世炎和李大钊精心组织了一次游行示威，北京五千余名民众走上街头，反抗日本帝国主义干涉中国内政的行为。不料，段祺瑞政府下令开枪射杀游行群众，当场死亡 47 人。鲁迅著名的文章《记念刘和珍君》即是在这件事之后提笔写下的。而刘和珍，只是众多死亡名单中的其中一个而已。

惨案发生之后，被军警追捕的赵世炎不得不奉命转移到上海。在他的带领下，上海的工人运动进入黄金时期，一波又一波的罢工潮，沉重地打击了帝国主义的势力。次年 3 月，在陈独秀、周恩来和赵世炎等人的领导下，上海工人发起了第三次武装起义。经过 10 多个小时的激战，上海工人最终占领了上海大部分地区，这是工人运动一次里程碑式的壮举，为全国的工人运动做出了表率。

但是这次胜利的战果没有持续多久。4 月，蒋介石发动了"四·一二"反革命政变，大肆屠杀共产党员。一时间，上海笼罩在恐怖的腥风血雨中。形势不断恶化之后，组织内部出现了一些动摇，赵世炎勇敢地站出来鼓励大家："共产党就是战斗的党，危险面前，应勇于牺牲，绝不叛党。"

7 月，由于省委秘书长叛变，赵世炎的住所等信息被出卖。随即，赵世炎被国民党当局逮捕，并关押在牢房中。上海党组织得知这一消息后，急忙四处筹钱，想通过打点关系，将赵世炎救出来，但最终无果。

19 日，赵世炎整理好自己的衣衫，仪态端正地走出牢房。面对刽子手的屠刀，他丝毫不惧，反而高呼"共产主义万岁！"，最终从容就义，年仅26岁。他短暂而光辉的一生，留下了太多传奇，也留下了不少遗憾。但他的一生，乃是不悔的一生，是革命的一生，是战斗的一生。

罗亦农：残躯何足惜，大敌正当前

人物名片

罗亦农（1902—1928年），湖南省湘潭县人，原名罗善扬，字慎斋，后改为亦农，是无产阶级革命家，中国共产党早期领导人之一，革命烈士。1928年被叛徒出卖，英勇就义。被评为"100位为新中国成立作出突出贡献的英雄模范人物"之一。

"这学校思想如此陈旧，不读也罢！"说着，这位15岁的少年，转身离开了校门，大步朝外面走去。少年没有违反校纪校规，只是参与了焚毁日货的爱国行动，却受到校方的严厉警告。再加上这个教会性质的学校，教授的都是神学，少年完全提不起兴趣，干脆就退学了。

少年叫罗亦农，是一个富家子弟。但是他从小很喜欢听那些嫉恶如仇的英雄故事，这对他的性格形成造成了不小的影响。上学期间，由于看不惯日本帝国主义在中国的胡作非为，他参与了焚毁日货的活动，而后离校，从此走上了革命的道路。

1919年，罗亦农对当时革命氛围浓厚的上海非常向往，一直跟家里提出要去上海上学，但是家里没有允许。为了将他留在家里，家人一手为他操办了婚姻，让他尽快完婚。但是，已经接受了新式思想的罗亦农本就对包办婚姻十分反感，再加上对上海向往之至，于是瞒着家人，跑到了上海。

到了上海之后，由于父亲不再寄学费给他，他只好半工半读。正是在这个过程中，他接触了《新青年》等进步杂志，接受了马克思主义的新思想，还认识了陈独秀等人。后经陈独秀推荐，成为了第一批社会主义青年团成员之一，被组织派往苏联学习。

1925 年回国后，罗亦农开始领导工人运动。上海发生"五卅惨案"后，组织迅速行动，命令罗亦农和陈延年、周恩来等人组织"省港大罢工"，声援上海的工人运动。之后，罗亦农又在上海参与组织了三次工人武装起义，取得了瞩目的成效。

1927 年 8 月，在武汉"八七会议"上，毛泽东提出了"枪杆子里出政权"的口号，给陷入困境中的中国革命指明了出路。在会议上，罗亦农被选为临时政治局 9 个委员之一。会后，罗亦农看准了当时的革命形势，认识到武装暴动的时机已经来临，于是主持制订了"鄂南暴动计划"。

中央仔细分析了局势之后，提出了分别在广东、湖北和湖南举行暴动的计划，试图从广东、湖南、湖北三省打开局面，而后三省联合起来，借以形成有利的革命局面。根据中央的指示，罗亦农对湖北和湖南地区的形式重新进行评估，决定先从湖北南部开始发动起义。由于鄂南地区有较多的革命经历，又容易和湖南地区联合起来，所以是一个突破口。

经过商榷之后，组织决定鄂南暴动和秋收起义同时在 9 月 9 日举行。8 日晚，在一辆从武昌开往长沙的列车上，装满了子弹和银元，但是守军力量薄弱。罗亦农下令对这辆车发起突袭，抢夺军需，打响了鄂南暴动的第一枪。接着，战火从这里一直烧到了整个湖北南部地区，给予了反动政府沉重的打击。虽然暴动被镇压，但是它燃起了武装暴动的烈火，此后的武装暴动源源不断，对反革命势力的打击和革命根据地的建立都起到了不小的作用。

随后，罗亦农调任中共长江局书记。担任长江局书记期间，他根据各省的具体情况，制定了不同的革命方案。对于革命基础较弱的各省，他要求展开游击战，和敌人进行周旋；对于有一定革命基础的地区，他要求通过游击战术，尽快进行武装割据，削弱敌人的势力；对于暴动较多的地区，他要求通过暴动夺取政权，将革命成果遍布全省。

1928 年，罗亦农与瞿秋白完成了党纲草案的撰写工作。随后，中共六大的准备工作也一一安排就绪，会议的筹备进入最后阶段。就在这时，罗亦农却因叛徒霍家新、贺治华夫妇的出卖，被国民党当局逮捕。罗亦农被捕的消息登报后，中共中央试图营救，但是敌人看管非常严密，营救计划未能成功。

　　4月21日，罗亦农在上海英勇就义，年仅26岁。他在狱中写下了绝命诗，一位优秀共产党员视死如归、忧国忧民的精神气节表露无遗。

慷慨登车去，相期一节全。

残躯何足惜，大敌正当前。

张太雷：革命之惊雷

人物名片

张太雷(1898—1927年)，中国共产党的优秀党员，杰出的无产阶级革命家，著名的政治活动家、宣传家，中国共产党早期的重要领导人之一。

"太雷之名，是取惊雷之意，惊雷者，震醒痴愚，打击强暴。"

"我张椿年，将来必要化作这一道惊雷，以撕裂苍穹之势，冲散阴霾，让革命的火光照耀这个社会！"

"更名太雷，以铭吾志。"

张太雷，原名张复，投身革命后改名为张椿年。后又取"惊雷"之意，改为张太雷。这个不凡的名字像是某种咒语，似乎注定了他将有着同样不凡的人生。

张太雷年幼时家境贫寒，八岁时丧父，依靠母亲微薄的收入生活。即便如此，张太雷仍考上了当时的北洋大学。少年时期的张太雷就已与革命结下了不解之缘。1920年他参加了李大钊创建的北京共产党早期党组织，成为了最早的一批中国共产党党员之一。

少年时期的张太雷便已展现出了作为革命者的风采。在1919年的五四运动中，作为学生代表的张太雷表现得非常积极，在街头游行、讲演、呐喊，并发起组织"社会建设会"。也正是因为这些事，张太雷遭到当时天津北洋大学的开除。离开学校后的张太雷决定将全副身心投入到自己的信仰中去。1920年8月，张太雷经邀请去北京参加李大钊组织的共产主义小组。在这期间，他感受到了共产主义的强大生命力，并决定为之奋斗终生。张太雷返回天津后，便立马组织起了天津社会主义青年团，来扩大共产主义事业的土壤，以培养更多的爱国青年。

1921 年春，张太雷由于在中国共产主义事业中做出的突出贡献，被党组织派往苏联伊尔库茨克，担任共产国际东方局中国科书记这一职务。在当时，中国的共产主义事业起步不久，生命力不够顽强。此时若能获得国际共产主义战友的支持，对于中国的整个共产主义事业来说都是大有裨益的。张太雷被委以重任，组织对他的重视程度可见一斑。同年 6 月，张太雷陪同共产国际代表马林、赤色职工国际代表尼克尔斯基来到中国，与国内的共产主义组织共同筹备中共一大的召开。6 月 23 日，张太雷凭借其丰富的经验和出色的才能，再度被派往苏联，代表中共出席莫斯科共产国际第三次代表大会。在苏期间，内部的政治斗争错综复杂，而张太雷则凭着自己清晰的政治头脑，为新生的中国共产党谋求发展。除此之外，张太雷更是不遗余力地介绍先进分子加入中国共产党，为革命增添新鲜血液。张太雷的中学老同学瞿秋白，也是一位极有才干的青年，在苏工作时经张太雷的介绍，也加入了中国共产党，成为一名革命斗士。

1922 年春，张太雷回国。此时共产主义事业处于缓慢的发展期，张太雷等一行最早的共产主义斗士用自己的一片赤诚，筚路蓝缕地开拓着。随着共产党的发展壮大，局势也渐渐变得复杂起来，第一次国共合作遭到了许多人的蓄意破坏。1926 年 3 月，蒋介石制造了"中山舰事件"，使用了一些极其卑鄙的手段对当时广州的共产党员加以迫害。在"中山舰事件"之后，张太雷认清了国民党的本质，也认识到了独立武装的重要性，提出了通过武装工农来予以反击的主张。在这段历史时期，中国共产党在陈独秀的领导下，犯了严重的右倾错误。1927 年，张太雷参加中共中央在汉口召开的"八七"会议，对陈独秀的错误领导进行了批判，随后被选为临时中央政治局候补委员，进入了中共中央的核心领导层。

1927 年 9 月，张太雷在广东任职，并到潮汕组织群众接应南昌起义军，以壮大革命力量。同年 11 月又到上海参与广州起义计划的制订，为广州革命工作作周密的准备。11 月下旬,张太雷回到广州主持武装起义准备工作,并兼任中共广东省委军委书记,此时,广州起义一触即发。

1927 年 12 月 11 日,广州起义爆发,作为起义的领导人张太雷奋战在起义前线。中央命令他组建了广州苏维埃政府,张太雷本人任代理主席、人民海陆军委员。1927 年 12 月 12 日,也就是广州起义的第二天下午两点多,一辆插着红旗的敞篷汽车驶出起义总部向北大门奔去,车上坐着共产国际代表纽曼和这次起义的总指挥张太雷。那里枪战正急,张太雷心急如焚地赶去指挥和救援。

车行至大北寺时,前面突然出现一群便衣人,这些由工贼组成的反动武装举枪朝车内射击,张太雷身中三弹,倒在血泊中,壮烈牺牲。这年,张太雷年仅 29 岁,是一个正要大展宏图的青年俊杰。张太雷是共产党第一个牺牲于战斗中的中央政治局成员。他将自身安危置之度外,坚守在革命第一线,身先士卒,为革命捐躯,值得后人敬仰。

陈延年：革命者决不下跪，只能站着死

人物名片

陈延年(1898—1927 年)，陈独秀长子，又名遐延，安徽省怀宁县人。革命烈士。中共早期领导人之一，为中国革命事业做出过巨大贡献。1927 年被国民党逮捕，英勇就义。被评选为"100 位为新中国成立作出突出贡献的英雄模范人物"之一。

1898 年，陈延年出生在安徽怀宁一个并不寻常的家里。他的父亲叫陈独秀，虽然在那时，陈独秀既没有创办《青年杂志》，也不是中共中央局书记。但是在陈延年幼年的记忆中，父亲因为奔走革命，经常不在家。成年后的陈延年继承了陈独秀的革命基因，和父亲一样也走上了革命道路。

1915 年，陈延年和弟弟陈乔年产生了离开家乡，去上海求学的念头。正在上海创办《青年杂志》的陈独秀很是高兴，将兄弟俩接到了上海，接受新思想新文化的洗礼。一年后，陈延年和弟弟一起考上了上海震旦大学。在上海期间，受到当时"无政府主义"思潮的影响，涉世未深的陈延年认为"无政府主义"才是最激进的社会改革方案。

1919 年，陈延年和弟弟一起前往法国勤工俭学。在法国的留学生群体中，革命氛围浓厚，许多进步青年对于革命形势都有比较全面的认知。尤其是周恩来、赵世炎和蔡和森等人，对马克思主义极为推崇，认为马克思主义才是能够挽救中国革命的正确道路。在他们的影响下，看清了北洋政府反动本质后的陈延年渐渐与"无政府主义"决裂，转而信仰马克思主义。

1922 年，在旅法中国少年共产党旅欧支部的第一次代表大会上，陈延年当选为委员，后来又加入了法国共产党。由于同为共产国际的分支，中共中央也承认了陈延年的党籍。次年，组织决定将陈延年等人送到莫斯科东方劳动大学学习，为中国革命积蓄力量。

回国后，陈延年于1925年2月任中共广东区委书记。广东当时是全国的革命中心，广东的革命工作，关系到全国的革命形势。因此，陈延年身上担负着重任。

初到广东，他对广东的各种情况都不了解，尤其是语言不通对他的工作造成了一定困扰。为了学习广东方言，也为了摸清楚广东的具体情况，陈延年没事就到街上与工人和人力车夫们攀谈，拉近和工人阶级的关系，有时还帮他们拉车。

根据广东的具体革命形势，陈延年很快制定了相应的调整措施。他健全了区委组织机构，整顿了党组织，又重点加强了党的思想建设。他在广大基层干部中推行马克思主义理论，坚持用科学的理论武装队伍。并且，他对工人运动和农民运动的推动和发展，也起到了显著的作用。其中，以1925年6月他领导的"省港大罢工"最为著名。

在广东期间，他还注重革命武装的建设。在选派了一批优秀党团成员进入黄埔军校学习后，他组建了一支铁甲车队。后来，著名的叶挺独立团就是在这支铁甲车队的基础上建立的。

在他的领导下，到1927年3月陈延年离开广东以前，广东已经发展到了9000多名共产党员，成为全国党员数量最多、组织机构最健全的地方党组织之一。同时，党组织的凝聚力和战斗力也得到极大加强。

调离广东之后，陈延年任江苏省委书记。4月，蒋介石发动了"四·一二"反革命政变，对共产党员展开了清洗。6月，由于一名被捕的交通员供出了江苏省委的所在地，陈延年不幸被捕。

为了让陈延年交代中共党组织的相关信息，国民党对陈延年进行了严刑拷打。经历了各种酷刑之后，陈延年依然拒绝开口。最终，国民党决定处死陈延年。7月4日，被押到刑场上的陈延年身板挺直，一言不发。刽子手让他跪下，他大声喊道："革命者决不下跪，只能站着死。"几个人冲上来试图将陈延年按下去，但是因为他的激烈反抗，最终没有得逞。于是，陈延年就这样站着就义了。

虽然国民党反动派砍下了烈士的头颅，但是烈士的精神是抹不去的，革命的意志是吓不垮的。正是因为有了像陈延年这样为坚持革命而奋斗终生，为革命抛头颅洒热血的志士，才得以保留革命的火种，并有了大放光华的那一天。

彭湃：农民运动大王

人物名片

彭湃(1896—1929 年)，原名彭汉育，广东省汕尾市人，曾用过王子安、孟安等化名。是中国农民运动的领袖，被毛泽东称为"农民运动大王"。1929 年 8 月 30 日在上海龙华英勇就义，时年仅 33 岁。被评为"100 位为新中国成立作出突出贡献的英雄模范人物"之一。

1896 年，彭湃出生，那时中国绝大多数的农民，还身处水深火热之中。封建地主的残酷压榨，使他们每个人都喘不过气来，他们渴望有能人能帮助他们改变命运。有意思的是，彭湃，这个后来被称为"农民运动大王"的能人，却出身于广东海丰的一个地主家庭里。

1917 年，彭湃来到日本留学。正值第一次世界大战期间，彭湃和一帮爱国青年，发起了抗日救亡运动。五四运动爆发后，社会主义思想传播开来。身在日本的彭湃与同学发起成立了"建设者同盟"。因为此时的他已经意识到，要想解决中国的问题，那么占据中国人口百分之八十的农民问题，一定要先得到解决。

1921 年，彭湃从早稻田大学学成回国，他从家乡开始进行农民运动的尝试。由于他出身地主家庭，他的大哥一直反对他开展农民运动，为此，彭湃不惜与家庭决裂，带着妻子搬出了家里，过起了粗茶淡饭的生活。他的许多朋友都不能理解他，在他们看来，农民根本就是一盘散沙，对于革命没有实际作用。彭湃却坚持自己的看法。

初到乡下之时，彭湃还穿着从日本归来的一身行头。他头上戴着礼帽，一身整齐的西装，再加上擦得锃亮的皮鞋。他见到农民就走上前去攀谈，但是没有人愿意跟他搭话。后来他终于发现原因，原来乡下的农民都以为是某个大官来乡下玩，自然不敢跟他说话。于是彭湃回去之后脱掉了自己的西装，换成农民常穿的麻布衣服，然后拿着旱烟，戴着草帽，赤着脚就到乡下去了。这样一来，他和农民们渐渐能够说上话，也能够深入了解他们的思想状况了。

彭湃以团结农民为宗旨，宣传地主阶级剥削农民的思想，号召他们团结起来反抗。为了加强宣传效果，他经常通过魔术和留声机等比较新颖的方式进行革命宣传。在他的努力下，相当一部分农民被打动，加入了农会。海丰的农民运动开始慢慢发展起来。

1924 年，彭湃加入了中国共产党。具有丰富农民运动经验的他，被调到广州继续领导农民运动。他在广州成立了一家农民运动讲习所，他亲自给学员讲课，给他们讲述海丰农民运动的成功经验。后来，这些学员都奔赴全国各地，成为开展农民运动的骨干力量。

11 月，彭湃被派往广宁组织农民运动。广宁的农民运动很不理想，由于当地的地主阶级势力强大，对于刚刚兴起的农会，他们甚至采取了武装袭击的办法来进行打压。部分胆小的农民，都不敢加入农会。

初到广宁，彭湃借鉴了海丰农民运动的经验，在乡下四处奔走，为农民运动宣传造势。他从农民最关注的利益出发，讲明地主阶级的残酷剥削，最后劝说农民应该团结起来，打倒地主，才能过上不被欺负的日子。他不断强调农民斗争的必要性，还用生动的事例来打动农民。最后，农民们都接受了他的宣传，鼓起勇气，加入了农会，跟地主阶级作斗争。

广宁的农会发展起来之后，与地主阶级之间的斗争愈演愈烈。反动的地主阶级不断杀害农会会员，以此制造"白色恐怖"，意欲吓退农民。彭湃带领农会的成员们积极开展斗争，从惩治杀害农会会员的凶手，到赔偿农民损失和减租，再到武装反抗地主阶级，彭湃用他成熟的农民运动经验，使得广宁的农民运动轰轰烈烈地得到开展。

在广宁农民运动取得成功之后，彭湃于次年成立了广东省农民协会。同时，他撰写的《海丰农民运动》，也对后来的农民运动起到了不少指导和借鉴作用。1927 年，在彭湃的组织下，海丰成立了中国第一个红色政权——海丰苏维埃政府。彭湃带领共产党员开展土地革命和游击斗争，打击反动势力，维护苏维埃政府的统治。1929 年 8 月 24 日，由于被叛徒出卖，彭湃英勇就义，年仅 33 岁。一代"农民运动大王"，就此逝去。而他留下的那些宝贵经验，却继续在这片土地上散发光和热。

瞿秋白："请勿撕破我的历史"

人物名片

瞿秋白(1899—1935 年)，江苏常州人。中国共产党早期主要领导人之一，伟大的马克思主义者，卓越的无产阶级革命家、理论家和宣传家，中国革命文学事业的重要奠基者之一。1935 年被国民党反动派逮捕杀害。

1905 年，常州冠英小学的课堂上，先生批改作文时，看到一篇才思敏捷、用词遣句俱佳的文章，赞叹不已，于是给了满分。接着，先生意犹未尽，拿到校长办公室，递给校长看。校长看罢，也觉得是一篇佳作，看到字写得好看，又提笔加了五分。

这篇作文是一个叫瞿秋白的小男孩写的。上小学时瞿秋白便表现出了文学上的潜质和聪慧，后来因为家境变迁，交不起学费的他一度没有书读。后来，因为外交部的俄文专修馆不要学费，而且学成之后可算是半个公职人员，瞿秋白就前往考试，考上之后开始学习俄文。

1919 年五四运动爆发后，瞿秋白也参与其中，之后加入了李大钊等人发起的马克思主义研究会。因为宣传马克思主义，瞿秋白几度被捕，但是都没有改变他宣传革命的志向。

1922 年，瞿秋白加入中国共产党之后，开始着手翻译马克思主义的相关著作。次年，《论列宁主义基础》的部分内容由瞿秋白翻译出来，刊登在《新青年》杂志上。此外，他还根据自己学习俄国马克思主义运动的相关内容，撰写了一系列介绍列宁和国际共产主义运动的文章。

4月，经李大钊推荐，瞿秋白担任上海大学社会系主任。在此期间，他讲授了社会学、社会哲学概论等课程，向广大青年学生宣传马克思主义思想。同时，他还是中国第一个把辩证唯物主义和历史唯物主义作为一个整体来宣讲的哲学家。这对于中国马克思主义的理论发展是一次创新。

同年底，他参与起草了国民党第一次全国代表大会的草案。国民党一大召开后，瞿秋白当选为国民党候补中央执行委员，后来又担任了上海国民党机关报《民国日报》的编辑。

1925年，"五卅惨案"发生后，悲愤不已的瞿秋白决定用手中的笔作为武器，同反革命势力进行彻底的抗争。6月4日，在他的主持下，中国共产党第一张日报《热血日报》问世。

1927年，南昌起义爆发后，共产国际免除了陈独秀的领导职务，决定由瞿秋白主持中央工作。瞿秋白成为中国共产党第二任最高领导人。任职期间，他积极开展自我批评，在全国范围内结束了"左"倾主义错误。

1934年10月，中央红军第五次反围剿失败后，被迫进行战略转移。瞿秋白要求随大军转移，但是组织要求他留在瑞金继续领导革命工作。留守瑞金的瞿秋白担任中央分区宣传部长。不久，蒋介石调集部队对中央苏区进行了清剿，整个中央苏区都笼罩在白色恐怖之中。1935年2月，为了保存党的骨干力量，中央组织了一队武装人员，护送瞿秋白等人向福建永定县转移。

18日，瞿秋白等人随着保卫人员来到了中共福建省委的所在地——长汀县四都乡小金村。在这里，连日赶路的瞿秋白等人终于不用再担心追捕，睡了个好觉。随后，他们继续出发。考虑到一行人的目标过大，容易暴露，为了避开国民党的视线，他们采取了昼伏夜行的方法前进。

24日，经过水口镇小径村时，一行人的行踪被当地的反动武装发现。经历了一番激烈的战斗之后，保卫人员被打散，瞿秋白被捕。敌人获知他的身份后，用尽方法对他劝降，他只说："人爱自己的历史，比鸟爱自己的翅膀更厉害，请勿撕破我的历史。"

6月18日，瞿秋白在罗汉岭就义。在之后的革命岁月里，他保存在文字里的思想和精神，感召着无数仁人志士，帮助他完成了革命的光荣使命。

方志敏：为了可爱的中国

人物名片

　　方志敏(1899—1935年)，原名远镇，乳名正鹄，号慧生。江西上饶市人，无产阶级革命家、政治家、军事家，杰出的农民运动领袖，土地革命战争时期闽浙(皖)赣革命根据地和红十军的缔造者。1935年被捕牺牲。

　　无产阶级革命家方志敏在生命的最后时刻，于狱中写下了《可爱的中国》《清贫》等脍炙人口的佳作。但是，这样一个文学功底深厚的人，在求学期间，却遭遇了几次上不了学的困难。

　　1899年，方志敏出身于一个贫困的农民家庭。虽然家境不好，但是为了孩子的前途，家人还是咬牙将方志敏送进了私塾。在私塾如饥似渴地学习了四年之后，方志敏不得不辍学了。家里的农活需要人做，家庭的经济状况又是入不敷出，实在没有多的钱供他读书。

　　17岁时，方志敏在乡亲们的帮助下，重新走上了求学之路。抱着"工业救国"观念的方志敏，后来考入了江西省立甲种工业学校应用机械科。但是不久，方志敏就看不惯学校的腐败体制，提出了教育改革的观点，他激进的思想没有被周围的人所接受，最终被学校开除。随即，他考入由美国教会主办的九江南伟烈大学，结果因为宣传马克思主义思想和反帝行为，再次被学校开除。

　　1924年初，方志敏正式投身革命，加入了中国共产党。2月，方志敏受命前往江西建立中国共产党的地方组织。国共合作达成后，方志敏还帮助国民党在江西建立党组织。

在江西，方志敏充分发动人民群众的力量，同反革命势力进行坚决的斗争。为此，他创办了进步刊物《江西青年》宣扬马克思主义先进思想。江西的进步青年，在方志敏的领导下，坚决反对无政府主义等错误思想。经过他的努力，截止到 1926 年，整个江西东北部地区的党组织逐步建立健全。"五卅惨案"爆发后，方志敏还组织了江西的农民运动以声援上海的革命斗争。

自 1927 年开始，方志敏担任江西省农民协会执行委员兼秘书长，使江西的农民运动进入新的阶段。为了对农民阶级进行有组织的领导，他积极组织农民加入农民协会，并建立了农民自卫武装，增加了农民阶级与反革命势力对抗的资本。考虑到农民的知识水平普遍不高，方志敏还开办义务小学，白天教小孩子读书认字，进行启蒙教育。晚上则变成夜校，对贫下中农进行再教育。北伐开始后，方志敏组织农民对北伐军队提供了很大的帮助。在方志敏的领导下，江西的农民运动成效卓著。

6 月 5 日，方志敏被国民党江西省政府主席朱培德所逼，被迫离开江西。南昌起义后，方志敏又返回弋阳，组织暴动，准备逐步夺取地方政权。但是在敌人的强势反扑之下，暴动失败，方志敏也随之转入山区进行斗争。1928 年 4 月，方志敏主持筹建了弋阳、横峰苏维埃政府，并任弋阳县苏维埃政府主席。在他的带领下，弋阳坚持建立地方割据武装、以游击战术进行斗争的策略，一年内，方志敏击退了国民党的四次围剿。

1930 年，在方志敏的组织下，中央建立了工农红军第十军。10 月，蒋介石集结部队对红军展开围剿。在闽浙赣苏等地区的历次反围剿斗争中，方志敏和他的第十军立下了卓越的功勋。

1930 年 10 月，在第一次反围剿斗争中，方志敏对赣东地区的战斗进行了统一部署，他以河口为突破口，各个击破，相继收复上饶、横峰等地，撕裂了敌人的包围圈。

1931 年初，在第二次反围剿中，方志敏代理第十军政委，指挥第十军进军闽北，连战连捷，不断扩大革命根据地，瓦解了敌人的攻势。

1931 年夏，在第三次反围剿中，坚持与"左"倾错误抗争的方志敏被解除了军事指挥权。但是在次年的第四次反围剿中，方志敏再次发挥了他的军事天赋，指挥第十军与敌人展开游击斗争，一路开辟新的革命根据地，牵制了敌人的部分兵力。不幸的是，在第五次反围剿中，"左"倾错误导致的内部斗争，使得红军接连失利。

1934 年，方志敏与粟裕等人组建了抗日先遣队，准备北上抗日。但是在途中遭到了国民党军队的包围。由于叛徒的出卖，方志敏不幸被俘。1935 年 8 月 6 日，饱受折磨之后，方志敏被残忍杀害，离开了他眼中"可爱的中国"。这个一生致力于革命，敢于同恶势力英勇斗争的共产党人，所代表的正是那个年代革命队伍拥有的最宝贵的财富——饱满的革命热情和不屈不挠的革命精神。

刘志丹：群众领袖　人民英雄

人物名片

　　刘志丹(1903—1936年)，名景桂，字子丹、志丹。中国工农红军高级将领，忠诚的共产主义战士，杰出的无产阶级革命家、军事家，西北红军和西北革命根据地的主要创建人之一。1996年，被中共中央军事委员会确定为中国人民解放军36位军事家之一。2009年9月14日，他被评为"100位为新中国成立作出突出贡献的英雄模范"之一。

　　1903年10月4日，一个不起眼的婴儿在陕西保安县悄然诞生。父母为他取名刘志丹。谁都不曾想过，"志丹"这个名字，对这个小县城来说意味着什么。当后世的人们再去追忆革命烈士刘志丹的家乡"志丹县"的时候，或许能够想起一二。

　　1921年，上中学的刘志丹已经彰显出了他的革命本色。身为学生会主席的他，带领同学们积极同封建势力作斗争。表现优异的他，于1924年加入共青团。次年加入共产党之后，刘志丹的革命热情持续高涨。

　　根据组织的指示，刘志丹进入黄埔军校学习。北伐战争期间，他带兵打仗，时常有出色表现。大革命失败后，刘志丹开始着手组织起义活动。由于在大革命期间，西北是群众运动最活跃的地区之一，而且此地也没有受到大革命失败的严重影响，党组织健全，因此适合起义。

　　1928年5月，刘志丹和唐澍等人率领部队前往渭南和华州等地准备起义。到达华州时，起义军被改编为西北工农革命军，刘志丹任军委主席。

这一千多人的兵力，在刘志丹等共产党人的率领下，与当地国民党反动政权展开了顽强的斗争。为了团结各阶级力量，刘志丹还积极与农民建立同盟关系，打击反动势力。同时，他还提出了著名的"三色理论"，即"红色"、"白色"和"灰色"。

具体来说，红色是指共产党领导的红色政权。红色政权的建立，是与反动派对抗的资本。而白色是指国民党政权，其工作重点是共产党员打入国民党内部，以合法的身份开展革命武装运动。灰色则是指各地盘踞的土匪势力，对于能够争取成为革命力量的，就尽力争取，以此扩大革命势力。

在这一理论的指导下，西北工农革命军在华州和渭南等地顺利建立了苏维埃政府，杀劣绅地主，组织农民运动，革命力量迅速发展。但是，革命军快速的扩张也引起了当地军阀的恐慌，他们率重兵对起义军进行围剿，起义军不得不退至秦岭地区。后来，起义军又被国民党军队打散，渭华起义宣告失败。但这次起义是西北地区规模最大的一次起义，打击了西北反动统治阶级的嚣张气焰，为之后的西北革命根据地的建立打下了坚实的基础。

1931 年，"九一八"事变爆发后，刘志丹建立了西北反帝同盟军。次年，同盟军被改编为中国工农红军陕甘游击队，刘志丹任总指挥。不久，国民党重兵来犯，对游击队进行围剿。刘志丹临危不乱，在粉碎了敌人一次次围剿计划的同时，还将队伍不断发展壮大。

1933 年 12 月，随着根据地的不断扩张，国民党反动派极端恐慌，调集多地部队对根据地进行围剿。次年 1 月，时任红 26 军 42 师师长的刘志丹，带领部队在边境同敌人迂回作战，九战九胜，打出了红军的气势，打乱了敌人的围剿部署。

1935 年 2 月，刘志丹出任西北工农革命军军委主席。敌人随后发起的两次围剿，也都在刘志丹的指挥下大败而归。而陕北和陕甘边两块红军根据地却彼此相连，成为红军长征北上的落脚点。

1936 年 2 月，刘志丹率领红 28 军参加东征战役，对山西境内的国民党军队发起进攻。刘志丹部在东进途中连战连捷，气势如虹。4 月 14 日，在围攻三角镇的战役中，刘志丹亲自在前线指挥战斗。不幸的是，一颗流弹击中了他的左胸，经抢救无效身亡。周恩来和博古主持了他的追悼会，并将他的家乡"保安县"改为"志丹县"。周恩来称赞刘志丹是一个"对党忠贞不贰，很谦虚，最守纪律。他是一个真正具有共产主义品质的党员"。毛泽东则称赞他为"群众领袖、人民英雄"。刘志丹为共产主义的理想，奋斗终生，虽死无悔。

向警予：为我女界，大放光明

人物名片

　　向警予(1895—1928 年)，原名向俊贤，中国共产党创始人及早期领导人之一，女权主义领袖，无产阶级革命家、妇女解放运动领导人之一。是中国共产党唯一的女创始人。

　　1920 年 7 月，留法新民学会会员在蒙达尼召开会议，商讨"改造中国与世界"。在具体的改造方案中，会议最终确定了走俄国"十月革命"的道路。同时，有人提出应该组建中国共产党，实行无产阶级专政。而在提出这一主张的人当中，赫然有一位女同志。

　　她叫向警予，是"中国共产党唯一的女创始人"。事实上，向警予从小就向往着成为花木兰式的女英雄。她生于一个商会之家，但是接受了新式思想之后，转而成为一个坚定的革命者。

　　1916 年，向警予从周南女校毕业之后，回到了家乡。在家乡，她开展了"妇女解放"的各项运动。在当地进步人士的支持下，向警予创办了一所男女合校的学堂。在这个新式学堂里，她招聘的都是进步青年，教授的都是新式思想。这也是她开展妇女运动的第一次尝试。

　　1919 年五四运动爆发后，其影响很快蔓延到全国。向警予革命热情高涨，带领全校师生走上大街，抵制日货，发表演说，号召大家行动起来争取国人应有权利。她反对家里安排的婚姻，与同为革命人士的蔡和森结合。两人的结合被社会很多进步人士赞叹，被认为是打破封建式包办婚姻、自由恋爱的典范。

1921 年，在法国学习了一年多时间后，向警予回到国内。由于在法国期间接触了法国的工人阶级和许多马克思主义思想，她对中国走俄国革命的道路有了坚定的信心。加入中国共产党后，向警予开始领导中国最早的无产阶级妇女运动。

向警予以《妇女周报》为阵地，主张妇女解放，宣传男女平等思想，掀起了一次又一次的舆论斗争。1924 年，中共中央第一次设立了妇女部，向警予出任妇女部长。

担任妇女部长期间，向警予在《向导》《妇女周报》《妇女日报》《妇女杂志》《妇女年鉴》等报刊上发表大量文章，将妇女解放问题与社会改造问题相结合，认为政治上的问题不解决，女权问题也就得不到真正的解决。除了在理论上展开分析，向警予也注重在实践中发挥妇女运动的力量。

1924 年 6 月，在向警予的策划下，上海 14 家丝厂共 1.5 万名女工罢工。随后，上海当局对罢工行动进行镇压，许多工人被捕。向警予发动了上海各界民主团体，广泛发动一切能够利用的民主力量，同敌人展开斗争。最终，女工们提出的增加工资等条件一一通过，罢工取得了完全胜利。

1925 年 5 月，上海爆发了"五卅惨案"。向警予当即组织上海妇女运动，同反革命势力展开斗争。向警予还成立了妇女解放协会，利用协会的力量团结妇女，给予"省港大罢工"等后续的工人运动提供有力的支援。

在向警予的努力下，截至 1927 年，全国各地的妇女组织已经达 60 多个，吸纳的妇女多达百万计。4 月，蒋介石在上海发动反革命政变，随后，武汉也发动了反革命政变。一时间，革命形势岌岌可危。

在革命的紧要关头，向警予毫不畏惧，主动留在武汉进行地下工作。在武汉，她主编了《大江报》，继续进行革命宣传。次年 3 月，因为叛徒告密，向警予被捕。被捕后，向警予咬紧牙关，没有透露任何信息给敌人。最终，在遭受了酷刑之后，向警予于 5 月 1 日被国民党反动派杀害。

向警予在那个黑暗的年代，开创了妇女解放运动，为困境中的中国妇女指出了一条明路，为中国革命带来了轰轰烈烈的妇女运动，为革命付出了毕生精力和宝贵的生命。正如湖南警予学校的校歌所唱的那样："为我女界啊，大放光明！"

董存瑞：舍生炸碉堡

人物名片

董存瑞(1929—1948 年)，河北省张家口市怀来县人，出身于贫苦农民家庭，当过儿童团长，1945 年 8 月参加八路军，1947 年 3 月加入中国共产党。先后荣立大功三次、小功四次，荣获勇敢奖章三枚、"毛主席奖章"一枚。1948 年 5 月 25 日，在解放隆化县的战斗中英勇牺牲。

董存瑞是一个战争年代家喻户晓的战斗英雄。他不是什么大人物，不是将军更不是元帅，只是一个普通的士兵。但是，他的名字能够流传起来，他的事迹能够传颂至今，他的精神能够永垂不朽，其原因就在于：他不屈的意志下，包含着的铁之血和钢之骨。

1940 年，年仅 11 岁的董存瑞就在南山堡的儿童团当上了团长，开始他的革命生涯。13 岁那年，他凭借自己的机智勇敢，掩护区委书记躲过了日军的追捕。乡亲们都夸他是抗日小英雄。在 15 岁的时候，他已经是一名非常优秀的民兵了。

1945 年，董存瑞参加了八路军，成为一名人民战士。在解放战争中，他先后建功数次，还获得过一枚"毛主席奖章"。1948 年 5 月，在六连担任爆破手的董存瑞随着部队来到了承德市隆化县。

25 日凌晨，攻打隆化的解放军部队早早来到了阵地上。进攻信号一发出，战士们就发起了猛烈的进攻。在解放军强大的火力下，敌军节节败退，解放军取得了战场的主动权。

下午，六连奉命对隆化中学的敌军发起进攻。战士们正准备冲锋，却被敌军的火力挡了回来。原来，敌军在桥上修了六个暗堡。正是这几个暗堡的火力，压制了冲锋的解放军，使得进攻受阻。六连的战士们意识到，如果不把这几个暗堡除掉，部队是很难冲过去的，于是不少战士都主动要求去炸掉暗堡，这其中就包括了董存瑞。

最后，副连长派了李振德等三个爆破手去执行爆破任务。但是敌军的火力实在太猛，李振德还没有冲到暗堡前，就中弹身亡。另外两个爆破手也负伤，不得不撤回阵地。这时，上级的命令也下来了，要求六连迅速解决敌人，配合兄弟部队的进攻。

董存瑞再次请求前去炸毁暗堡。获批后，董存瑞在另一个战友的协助下前去执行任务。借着手榴弹的硝烟，董存瑞一步步匍匐前进，快到桥边的时候，敌军又是一阵机枪扫射，形成的火力网根本冲不过去。董存瑞绕过敌军的火力，跳到了桥下。

桥下的河床里一片干涸，没有水，而且河床距离桥面还有将近两米的高度。董存瑞知道，如果把炸药放在河床上，不一定能够炸毁暗堡。于是他四处搜索，想要找到能够当炸药支架的东西，但一无所获。这时，他听到了阵地上传来的进攻的号角。他知道，战友们要冲锋了，暗堡的存在势必还会造成更多的伤亡。他望了望战友们，又朝敌军的方向看了一眼，从容地拉燃了导火索。

随着一声巨响，桥上的暗堡化为乌有。而年仅 19 岁的董存瑞，也为此付出了宝贵的生命。但是他为战友开辟了一条前进的道路，为胜利抢占了先机。他舍身炸碉堡的精神和事迹广为传颂。他用生命做支撑，打开了胜利之门。他用实际行动证明了，无畏的共产主义战士的鲜血和骨肉，比敌人的铜墙铁壁还要坚硬。

邱少云：烈火中的英灵

人物名片

　　邱少云(1926—1952年)，重庆市铜梁县人，革命烈士。1952年在朝鲜战场上，为避免军队暴露而被火烧死。1953年8月30日被追认为中国共产党员。1953年6月25日朝鲜民主主义人民共和国最高人民会议常务委员会授予他"朝鲜民主主义人民共和国英雄"称号和金星奖章、一级国旗勋章。

　　烈火熊熊燃烧着。邱少云身上的火苗渐渐蔓延，背上钻心疼痛，但是他没有丝毫移动，任火苗在身上窜来窜去。很快，火烧遍了他的全身，他一身的棉衣成了最好的助燃材料。等到战斗的号角终于响起时，他再也不能往前冲锋了。

　　邱少云出身于一个农村贫苦家庭。在黑暗的旧社会中，悲惨的童年使得他对美好生活非常向往。后来他被国民党抓了壮丁，受尽了折磨。1949年新中国成立，他终于迎来了生命的春天。他光荣地加入了中国人民解放军，在四川地区的剿匪行动中，邱少云带病上阵，击毙了不少土匪，并连同战友活捉了匪首，立下了不小的功劳。

　　1951年3月，朝鲜战争打响。以美国为首的联合国军大举入侵朝鲜，并无视中国的抗议，不断骚扰中国边境。最后，中国政府决定派遣志愿军进入朝鲜，联合朝鲜军民打击侵略军。邱少云积极报名加入中国人民志愿军，参加了抗美援朝战争。

　　1952年10月，邱少云所在的部队接到上级的命令，要求他们进攻联合国军把守的 391 高地。由于高地前面一片开阔，贸然进攻势必会损失惨重。于是，部队决定在前一天夜里在高地前的草地里埋伏好，以便于第二天发起突袭。邱少云接到任务之后，马上和队友出发。在夜色的掩护下，志愿军战士们顺利地潜伏到了高地前。此时邱少云藏身的草地，距离敌军的阵地不到一百米。

正在战士们等待进攻命令的时候，天空中突然出现了敌军的侦察机。周围的战士们都相互示意，不要出声，以免被侦察机发现。邱少云匍匐在原地，一动不动。最后，无功而返的侦察机，朝着空地随意投射了几枚燃烧弹。不巧的是，正好有一枚燃烧弹落在了邱少云身边。

邱少云感受到身旁袭来的高温，他咬紧牙关，没有出声。过了一会，火势顺着草地蔓延到了邱少云身上。邱少云的双手狠狠地插在泥土中，用惊人的毅力支撑着。邱少云的全身上下均被烧伤，但一直到战斗打响，他都没有发出一声声响。最后，他在烈火中壮烈牺牲。

在邱少云的鼓舞下，战士们勇猛冲锋，很快拿下了 391 高地。他牺牲自己、成全大家的精神，被后世永远记住。那烈火中的英灵，也仿佛得到了永生一般，深深地感动着每一位中国人。

黄继光：舍身躯，堵枪眼

黄继光（1931—1952年），民族英雄。四川省中江县人，中国人民志愿军第45师135团9连的通讯员。1952年在朝鲜战争中牺牲，年仅21岁。被中国人民志愿军领导机关追记特等功，并授予"中国人民志愿军特级英雄"称号。朝鲜民主主义人民共和国最高人民会议常务委员会授予他"朝鲜民主主义人民共和国英雄"称号、金星奖章和一级国旗勋章。

1951年3月，四川省中江县开始征集志愿兵前往朝鲜作战。村里的青年们都热情高涨，踊跃报名。其中一位名叫黄继光，他是贫农出身，父亲又被地主迫害致死，当家乡解放后，他就对共产党怀有极大的感恩之心。因此，听说共产党来征兵之后，他就第一个报名，想为新中国献出自己的一份力。但是，由于身材偏矮，他在体检时被淘汰了下来。来征兵的营长却看中了他的这份热情，破格录取了他。因此，黄继光得以成为一名光荣的志愿军战士。

到达朝鲜后，黄继光被分配当通讯员。对此，他心有不甘。眼看着朝鲜的国土上四处弥漫着硝烟，朝鲜的老百姓被人欺凌，他却不能上场杀敌。副指导员知道了他的心思后，严肃批评了他。副指导员用时针分针秒针的例子向他说明，在战场上，每个人的贡献都是一样的，当好通讯员，确保军情畅通，同上战场没有什么两样。于是，黄继光认识到了自己思想的错误，认真做好自己的本职工作。

1952 年 10 月 14 日，以美国为首的联合国军向志愿军占领的上甘岭 597.9 高地和 537.7 北山高地发起了进攻。上甘岭对于美国的战略意义极其重要，为此，他们投入了大量兵力和火力，欲争夺上甘岭。不甘示弱的志愿军与联合国军展开了激烈的争夺战。

19 日晚，黄继光所在的第 2 营接到命令，要求他们向 597.9 高地发起反击。联合国军在高地上设有密集的火力点，压制着志愿军部队。在这种情况下，志愿军想要在天亮以前拿下高地，不是一件容易的事。

经过仔细的商讨之后，参谋长决定派人去炸掉敌人的火力点。但是一批批的战士冲上去，能回来的没有几个。时间一分一秒过去，志愿军倒下的战士越来越多，但是依然没能冲上高地。这时，黄继光挺身而出，主动请缨，黄继光向参谋长保证一定能够完成任务，参谋长思索片刻便答应了。

黄继光带领两个战士，准备好手榴弹，朝着高地冲了过去。他们在战友火力的掩护下，迂回前进，小心翼翼地躲避着敌人的火力。但是，距离敌军火力点只剩 30 多米的时候，另外两个战友都中弹了，一个身受重伤，一个当场身亡。随即，黄继光的手臂也中弹了，顿时血流如注。黄继光咬咬牙，看了看高地，又忍着伤痛朝前爬过去。

离火力点不远的时候，黄继光用尽全力扔了一颗手榴弹过去。但是他的手榴弹只炸到了火力点一半，火力点并没有完全被炸毁。看着下面开始冲锋的志愿军战友们再次倒地，黄继光下定了决心。于是，他张开手臂，起身朝着敌军的火力点奋力扑了过去。他用自己的身体为战友堵住了敌人的机枪眼。战友们高喊着"为黄继光报仇！"，冲上了高地，消灭了高地上的敌人。

在上甘岭 4 平方公里的土地上，敌军总共投入了 6 万人和 190 万发炮弹。如此密集的火力在世界战争史上也是第一次。而中国志愿军能够成功守住阵地，就是因为有许许多多黄继光这样的战斗英雄的存在。

1953 年 4 月 8 日，黄继光被中国人民志愿军领导机关追记特等功，并被追授"中国人民志愿军特级英雄"称号。对于这一场战役来说，或许他算不上伟大。但是对于战争中的志愿军来说，他这种舍己为人的精神正是战胜敌军的制胜法宝，也是激励中国人民奋勇向前的源源动力。

刘胡兰：生的伟大，死的光荣

人物名片

刘胡兰(1932—1947 年)，别名刘富兰，山西省文水县云周西村人。著名的革命先烈，优秀共产党员。15 岁被敌人逮捕英勇就义，是唯一一个三代领导人均为其题字的英雄。

1932 年，刘胡兰出身于一个农民家庭。抗日战争时期，刘胡兰虽然年纪不大，但是为抗战出力的心却一点不比别人少。参加了八路军的儿童团后，她积极为八路军送情报、放哨、站岗。只要能为八路军提供帮助的事情，她都愿意做。

1945 年，刘胡兰参加了妇女解放培训班，深刻地认识到了地主阶级和封建制度的黑暗性。担任妇救会秘书之后，她积极组织妇女识字，并时常帮助前线部队运输物资。一次，八路军在前线打仗，村里组织民兵前去支援，刘胡兰和一群妇女吵着要上战场。面对其他人的质疑，刘胡兰说："战士们不怕，我们女民兵也不怕。"于是，刘胡兰顺利到达了战场，勇敢地完成了救助伤员的任务。

1946 年 12 月，作恶多端的村长石佩怀被刘胡兰联合武工队员们处死。这本来是一件大快人心的事，但是，由于石佩怀是阎锡山手下的人，此举招来了阎锡山势力的报复。随即，阎锡山派大军进攻文水一带。当地的共产党组织为了避其锋芒，带领大部分干部转移到了山区。而刘胡兰主动要求留下来，照顾伤员，打探敌情。

敌人频繁出没在云周西村附近，烧杀抢掠。有人劝刘胡兰撤走，被她拒绝了。1947 年 1 月，刘胡兰接到上级命令准备转移，但是，国民党反动派却突然发兵包围了云周西村。刘胡兰被抓获后，敌人直接问她："你是共产党员吗？"

刘胡兰已经知道了自己被叛徒出卖，于是她挺起胸膛，毅然答道："我就是共产党，怎么样？"敌人又问她："你都为共产党干过什么事？"刘胡兰答："什么都干过。"

"村长是谁杀的？"

"不知道。"

"共产党都去哪了？"

"不知道。"

"你们村还有几个共产党？"

"不知道。"

接连几个不知道，让敌人气急败坏。他们狠狠抽打刘胡兰，但是刘胡兰就是不开口。接着，敌人将叛徒供出的另外几个共产党，铡死在了刘胡兰面前。面对这血腥残忍的场面，刘胡兰仍然面不改色，挺直身躯说了一句："怕死不当共产党员！"

敌人气急败坏，只好将刘胡兰杀害。年仅 15 岁的刘胡兰，为革命事业献出了自己年轻的生命。1947 年 3 月，毛泽东在行军途中，听到任弼时向他汇报的刘胡兰英雄事迹后，感触良多，当即为她题字：生的伟大，死的光荣。除了毛泽东的题词，后来的国家领导人邓小平和江泽民等都为她题词，号召大家向刘胡兰学习。刘胡兰短暂的青春年华，却用不屈的意志和反抗的精神，谱写出了最动人的诗篇。

第四章

抗战英烈　光照日月

张学良：千秋青史自有定评

人物名片

张学良（1901—2001 年），字汉卿，号毅庵，乳名双喜、小六子，中国现代著名的爱国将领。继任东北保安军总司令后，拒绝日本人的拉拢，坚持"东北易帜"，为祖国统一做出了重要贡献。西安事变的组织者，事后遭蒋介石父子长期软禁。1990 年恢复人身自由，1995 年起离台侨居美国夏威夷，2001 年 10 月 14 日病逝于檀香山，享年 100 岁。

如果需要在五光十色、英雄辈出的中国现代史中排出个十大风云人物，有一个人必定位列其间，其人生的传奇性和戏剧化还真没有第二人能够与之相比。他坎坷一生，个人命运随着国家命运共同起伏。他于马车上出生，19 岁就已是陆军少将；后为抗日努力，组织西安事变，终被囚禁半生。除却张学良将军之外，还有谁拥有如此波澜起伏的传奇人生呢？

1901 年硝烟弥漫，张作霖为了摆脱追兵行动方便，便将妻女藏在八角台西北的胡家窝堡张景惠家，随后又转移到桑林镇以东的张家窝堡赵明德家。于躲避途中，一个男婴就这样在奔驰的马车上诞生了。而这个男婴便是那个在中国现代政治舞台举世瞩目的风云人物——张学良。

张学良可谓年少有为，1920 年以炮兵科第一名毕业。在第一次直奉大战中也表现不俗，带领的部队经过霸县战斗和山海关阻击战成为奉军唯一取胜的部队。而后又在第二次直奉大战中率领东北军主力部队突破山海关，直捣北平，战场新秀扬名整个华夏。

1928 年 6 月 4 日，因拒绝日本帝国主义的无理要求，第一代"东北王"张作霖在皇姑屯被日本关东军炸死。随后张学良继承父亲霸业，成为拥兵数十万、占地四省的第二代"东北王"。他决心雪国耻报父仇，尽早实现"南北统一"。

那个时候，日本关东军急切地希望利用"皇姑屯事件"所造成的紧张形势，在东北建立傀儡政权，故而百般阻挠张学良"易帜"。而奉系参与决策的高层人物，在这一问题上也是争议不决，"易帜"一事可以说是困难重重。在张学良的不断坚持、努力和说服之下，奉系的大多数军政要人才开始同意将东北"易帜"提上日程。1928 年 12 月 29 日，张学良顶住日本方面和内部的压力，通电南京，即宣布服从于南京国民政府，自此，中国在形式上走向了统一。

当然，张学良将军对祖国做出的伟大贡献还有许多。1936 年，蒋介石宣布执行"攘外必先安内"的政策，决心进剿红军。一时间，中华民族被推向了生死存亡的关键时刻。命令下发之后，张学良出言反对，并且要求蒋介石停止内战，一致抗日，却遭蒋介石抗拒。两人大吵一架，不欢而散。后来，张学良又多次请求联共抗日，等来的却是要将他的部队调至东边的命令以及第六次围剿计划动员令即将发布的消息。

时不待人，民族的存亡或许就在那朝夕之间，无奈之下，张学良选择连同杨虎城将军秉持抗日救亡的民族大义，毅然发动了震惊中外的西安事变。

1936 年 12 月 12 日 5 时，张学良命令东北军在华清池扣押蒋介石。蒋介石仓皇从卧室窗户逃脱，结果摔伤了后背，只能躲在大石后面。一番搜查之后，蒋介石终被发现并扣押。接着，张学良命令十七路军扣留了陈诚、邵力子、蒋鼎文、陈调元、卫立煌、朱绍良等一大批国民党军政要员。最终，在中国共产党及爱国人士的帮助下，蒋介石答应停止内战，一致抗日，西安事变得到和平解决。

事件的结果我们也看到了。国共两党达成一致，齐心抗日，在八年艰苦卓绝的抗日战争之后，取得了反侵略战争的伟大胜利。张学良将军，功不可没。

有人说张学良发动兵谏，扣押八拜之交蒋介石的行为可谓不义。但是这不义的背后却是张学良心系祖国统一、争取抗战胜利的大义。周恩来评价他说："不论外界如何评价，我们中国共产党评张学良将军为'民族英雄、千古功臣'。"

漫长的光阴让张学良的模样渐渐消逝在人们的记忆里，但他为这个民族，为这个国家做出的贡献，永远被历史铭记着。

杨虎城：国之将才布衣起

人物名片

杨虎城(1893—1949 年)，号虎臣，别名杨忠祥，后改为虎城。
刀客出身。国难当前，他反对内战，联共抗日，联合张学良发动了
西安事变，终被蒋介石抓获囚禁 12 年。1949 年 9 月 6 日，被杀于
重庆中美合作所——戴公祠，享年 56 岁。

在那个战火纷飞的动荡年代，有这么一个农民家庭的孩子，出身刀
客，凭着一腔热情投入辛亥革命运动，后又加入国民党，先后任职师长、
军长、十七路军总指挥，可谓戎马一生。国难当头，为了国家大义，他毅
然舍弃自身利益，用自己独特的手段为国共第二次合作做出了卓越贡献，
改变了整个中华民族的命运。这个出身布衣的国之将才便是流芳百世的爱
国将领——杨虎城。

杨虎城出生于 1893 年 11 月 26 日，其人生的转折点出现在他 15 岁那
年。1908 年，杨虎城的父亲杨怀福被清政府处死。这一年，他在家乡组织
了一个丧葬互助组织孝义会，后发展为以劫富济贫为宗旨的中秋会，一代
将领的传奇一生就此展开。

1911 年，杨虎城投身于辛亥革命运动，率领中秋会的会员与清军作
战。1922 年，他不愿被直系军阀收编，被迫率部跋涉一千多里退入陕北。
他这一腔孤胆保存革命火种的行为在国民党内部广受赞誉，1924 年，孙中
山先生亲自为他办理了正式的入党手续。

1929 年，蒋介石任命杨虎城为新编第 14 师师长，驻防河南。

也就是这一年的冬天，担任蒋介石讨逆军第五路总指挥的唐生智突然反戈一击，自封"护党救国军"总司令通电讨蒋，率主力南下进攻武汉。而武汉一旦失守，就意味着蒋介石将失去半壁江山。

怎么办呢？蒋介石派出了刘峙，令他带领杨虎城的主力军队在信阳一带阻截。对于杨虎城，蒋介石仅仅只是命令他守住南阳，伺机向唐生智右侧背进攻。杨虎城此时的部队装备不够精良，兵力也不超过三个团。但他毅然向驻马店发起了袭击，给唐生智所部带来了致命打击，并在1930年元旦成功攻入驻马店唐军司令部。在这一次的"讨唐行动"中，蒋介石本是将杨虎城当做陪衬，没曾想配角一夕之间独挑大梁，用奇袭战法一举解决了战争的全局，翻身成为了主角。

这次战役是杨虎城从军以来独立策划发动的规模最大、缴获最多、影响最大的成功战例，也是他漫长军旅生涯中的杰出代表作之一。即使能力出众，但杨虎城非蒋介石的嫡系，更非亲信，很难受到重用。即使蒋介石将陕西省交其管理，背地里也是打着随时将其撤掉的小算盘。

1931年"九一八"事变后，杨虎城对于蒋介石的"攘外必先安内"政策表示了反对，并且积极主张抗日，结果遭到冷遇。无奈之下，杨虎城只能私下里与川北的中国工农红军第四方面军达成互不侵犯的默契，并签署了《汉中密约》。

直到1936年，蒋介石亲临西安督促东北军和十七路军"剿共"。面对这种现状，杨虎城和张学良多次进谏，但都被驳回。于是，两人在12月12日那天发动了兵谏，扣押蒋介石，逼蒋抗日，史称西安事变。

西安事变和平解决之后，杨虎城被南京国民政府撤职，并且失去了对西北军的控制。1937年6月他被迫出国"考察"，在随后的时间里多次请求回国抗日，皆不能如愿。无奈之下，满怀救国热情的杨虎城偷偷跑回了国，但却在南昌被逮捕软禁，这一关就是12年。直到1949年9月6日，国民党弃守重庆前夕，毛人凤受蒋介石指示，将杨虎城及其家人杀死在重庆戴公祠，并在其后用硝镪水毁灭尸体。自此，一代爱国将领就此陨落，享年 56 岁。

正如毛泽东所说："以身殉志，不亦伟乎!"将军身虽死，但其爱国之心，日月可鉴。

佟麟阁：立身当于古人争

佟麟阁(1892—1937年)，原名佟凌阁，字捷三，河北省保定市高阳县人。中华民国军事将领，是中国在抗日战争中殉国的第一位高级将领。被评为"100位为新中国成立作出突出贡献的英雄模范人物"之一。

秦时明月汉时关，万里长征人未还。

但使龙城飞将在，不教胡马度阴山。

1932年，从冯玉祥处得知要组织抗日同盟军的佟麟阁，兴奋地挥笔写下了这一首王昌龄的《出塞》。他在心里默默地告诉自己，只要有我一天，日本就绝不能跨越长城一步。最终，佟麟阁用生命践行了自己的誓言。

1911年，听说冯玉祥起义消息后的佟麟阁投笔从戎，跟随冯玉祥开始革命之路。在数次军阀战争中，佟麟阁凭借过人的胆识和治军方略，累积军功，一路升迁。1930年讨蒋战争失败后，他和冯玉祥一起过上了隐居生活。

1931年9月18日，日本侵略军悍然发动了"九一八"事变，侵占中国东北三省。此后，全国的抗日情绪高涨，但是国民党当局仍坚持实行"攘外必先安内"的政策。1932年，冯玉祥决定组织抗日同盟军，佟麟阁毅然加入。

1933年5月，抗日同盟军正式成立，佟麟阁出任第一军军长。6月20

日，佟麟阁和一众爱国将领联名通电宣称：重整义师，克日北指，克复察省失地，再图还我河山……四省不复，此心不渝。

佟麟阁带领第一军，和北路军前敌总指挥吉鸿昌等人密切联系，共同抗敌，收复了多处失地。但是后来由于察哈尔省缺乏补给，又受到国民党当局的压迫，抗日同盟军被迫撤销。报国无门的佟麟阁愤而隐居。

不久，在宋哲元和张自忠、赵登禹等爱国将领的邀请下，佟麟阁再次出山。出山后的佟麟阁担任第二十九军副军长。他抗日决心强烈，对二十九军的士兵严格操练，并对外称："中央如下令抗日，麟阁若不身先士卒行，君等可执往天安门前，挖我两眼，割我两耳。"他的精神感动和鼓舞了许多有志青年，他们纷纷前来二十九军报名参军。

1937 年 2 月，佟麟阁任二十九军代理军长。7 月 6 日，日军一支全副武装的中队，以军事演习的名义请求通过宛平县城。警觉的宛平驻军没有同意日军的要求，佟麟阁也嗅到了一丝不安的味道，命令二十九军全军严阵以待，随时盯紧日军的动向。于是，日军暂时作罢，随即撤军。

二十九军暂时松了一口气。但没有料到的是，当日夜晚，日军的一个中队趁着夜色对卢沟桥发起了突袭。佟麟阁立即命令三十七师一一零旅对日军展开还击。卢沟桥彻夜不绝的枪声，拉开了全面抗战的序幕。

面对日军的猖狂进攻，军内出现了一些不协调的声音。于是佟麟阁召开会议，明确提出"中日战争不可避免"和"军人应该马革裹尸，以死报国"的观点。随即，佟麟阁对上下一心的二十九军，发出了一声极具力量的怒吼："誓与卢沟桥共存亡！"

7 日，卢沟桥战火不绝，枪声不断，为国捐躯的军人也越来越多。被战火洗礼了一整天的卢沟桥，变成了扎眼的血红色。8 日，日军炮兵部队抵达战场，一百多发炮弹落在卢沟桥和二十九军的阵地上，二十九军死伤无数。

此后的十几天，卢沟桥战火不断。佟麟阁身先士卒，坚决抵抗日军的进攻。新赶来的日军援军企图进攻二十九军军部所在的南苑，被二十九军的大刀队用白刃战击退。宋哲元建议佟麟阁将军所部迁往北平，但佟麟阁安排副参谋长带领军部人员进城以后，自己却不愿离开。

"誓与卢沟桥共存亡"是他自己立下的誓言，他又怎么会背弃？28 日，日军调集援军，再度进攻南苑。佟麟阁带领余下的守军顽强抵抗。虽然武器装备不如日军，但是在佟麟阁的激励下，守军士气高涨，打退了日军一波又一波的进攻。

最后，久攻不下的日军调来了飞机。在一片狂轰滥炸中，佟麟阁身负重伤，壮烈殉国，时年 45 岁。1946 年抗战胜利后，国民党为佟麟阁举行了隆重的国葬。

在艰苦卓绝的抗日战争中，佟麟阁是第一位牺牲的高级将领。他给后人做出了良好的表率，鼓舞着抗战军民团结一心坚决抗日的信心。

赵登禹：宁做战死鬼，不做亡国奴

人物名片

赵登禹(1898—1937 年)，字舜城，山东菏泽县杜庄乡赵楼村人，抗日烈士，是抗日殉国的第一位师长。被评为"100 位为新中国成立作出突出贡献的英雄模范人物"之一。

1937 年 7 月 31 日，身在南京的冯玉祥，发了疯一样在家里翻箱倒柜。最终，他在一个角落里找到了一张泛黄的照片，照片上是一个年轻的将军，骑在虎背上怒目挥拳。冯玉祥看着照片，提笔在上面写下了"民国七年的打虎将军"后，长叹了一口气，这位年轻将军的英姿，再也看不到了。

那是 1918 年的一个夏天，还只有 20 岁的赵登禹，在湖南训练时，听到附近有老虎伤人。于是赵登禹跟队友赶过去，拿着枪对准老虎连发数枪，枪枪命中要害，之后骑上虎背挥拳痛击并打死老虎。赵登禹殉国以后，冯玉祥只能以当时拍的这张照片来纪念这位英勇的爱国军人。

1914 年，16 岁的赵登禹就参加了冯玉祥的军队。"九一八"事变后，日军侵占东北三省。不久，日军将战火烧到长城一带。1933 年 3 月 9 日，日军两个旅团联合进犯喜峰口，占领了长城的一个山头。时任 109 旅旅长的赵登禹立即派遣部下前往救援，他们组成大刀队奇袭了日军阵地，取得了不错的成效，但是大多数官兵也壮烈牺牲。

日军主力部队到达后，向喜峰口发起全面进攻。赵登禹利用伏兵战术打了日军一个措手不及，又联合前来支援的兄弟部队，占领了日军的炮兵阵地，销毁了 18 门大炮，杀敌五千多人，击退了日军的进攻，这是"九一八"事变以来我军取得的第一次大胜。

1935 年，赵登禹的部队跟随二十九军转移到了北平附近。1937 年卢沟桥事变爆发后，赵登禹任南苑指挥官，与佟麟阁一起抗击日军。赵登禹在南苑召开会议，向大家表明心志："军人抗战有死无生，卢沟桥就是我们的坟墓。"

26 日，日军向二十九军发出最后通牒，要求守军撤出北平地区。这一要求被宋哲元严词拒绝，赵登禹也与二十九军的将士一起，表明自己的抗战决心，绝不撤退。自 27 日开始，日军在北平不断投入兵力，战争规模不断升级。由于敌众我寡，二十九军在长久的战斗中伤亡惨重。

听闻了二十九军英勇的抗战事迹后，全国各地都自发组织了救援活动。送到前线的慰问品和药品源源不断，北平的老百姓也自发为他们运送物资、救治伤员。各地都在声援前线抗敌的二十九军，使得二十九的军心得到了极大鼓舞。

28 日，日军对北平发起总攻。面对日本侵略军不断运来的重武器和大炮装甲车，赵登禹依然死死守在阵地上，带领二十九军将士顽强抵抗，丝毫没有退缩。

不久，日军军队攻入南苑。赵登禹带领部队展开了巷战。双方你来我往，血肉横飞，伤亡均很大。随后，赵登禹接到命令，带领部队准备撤到大红门附近。

但是，这一消息不知怎么被日军得知，日军随即在去大红门的路上设下埋伏。等到赵登禹率部经过时，日军发动了突然袭击。部下劝赵登禹撤到安全区域再说，但是赵登禹没有听从，带领部队开始突围。突然，正在指挥战斗的赵登禹被一颗突然飞来的炸弹击中，壮烈殉国，年仅 39 岁。

赵登禹坚持抗敌的精神使日军都为之动容。1939 年在日本发行的《大陆战史》一书中，赵登禹被评价为"白日下的噩梦"。他抗日杀敌、为国捐躯的精神得到了全国人民的同情和怀念。在拉开全面抗战序幕的卢沟桥事变中，赵登禹以生命为代价，向后来的抗日军人深刻地诠释了"宁做战死鬼，不做亡国奴"的含义。

张自忠：从"汉奸"到民族英雄

人物名片

张自忠(1891—1940年)，字荩臣，后改荩忱，山东省临清人，第五战区右翼集团军兼第三十三集团军总司令，著名抗日将领、民族英雄。

1911年，张自忠就加入同盟会开始投身革命。此后，他在冯玉祥手下战功累累。后来因为冯玉祥的许多将领投靠蒋介石，冯玉祥的势力逐渐瓦解。张自忠拒绝投靠蒋介石，最后被张学良收编，任二十九军38师师长。

"九一八"事变后，日军侵占东北三省。之后，野心勃勃的日军准备扩大战果，将军队开往长城一带。张自忠任前线总指挥，带领二十九军前往喜峰口阻击日军。这是张自忠第一次和日军作战，但他丝毫没有胆怯。和日军血战多日之后，张自忠指挥的二十九军取得了自"九一八"事变以来我军的第一次胜利。

卢沟桥事变后，北平沦陷。代理北平市长的张自忠代人受过，承受了被国人骂为"汉奸"的委屈。事后，他不得不四处辗转逃亡。这时，蒋介石接纳了他，任命他为五十九军军长，给了他重回军队的机会。张自忠知道，只要回到了军队，以后一定有机会为自己正名。

1938年1月，日军为了收复掌握在中国军队手中的津浦铁路南段，在淮河地区发起了进攻。淮河守军奋勇抗敌，取得了一些战果。但是日军收复津浦铁路的决心已经下定，他们增援了一部分兵力对徐州展开重点进攻。临危受命的张自忠带领五十九军前往增援。首战告捷之后，张自忠的名声渐渐传出。

不料，趁着淮河地区的战况焦灼之势，日军调集兵力攻占徐州，联合津浦铁路沿线的日军一同对徐州发起了进攻。正在淮河地区抗击日军的张自忠收到增援的命令后，立即带人赶到了临沂。

开战前，张自忠在会议上表明决心："谁都可以打败仗，只有我张自忠不能。"张自忠深知，在他头上的"汉奸"这顶帽子，只有胜仗才能摘掉。于是，在这场会战中，张自忠指挥部队歼灭了日军两个联队六千余人，残余的敌军纷纷溃逃。这场淮河阻击战，也为后来的台儿庄大捷奠定了基础。对于张自忠来说，更重要的是，从此以后再也没有人指着他的鼻子骂他是汉奸了。

1940年5月1日，日军为了进一步控制长江沿线的交通，集结了30万兵力，发起了枣宜会战。时任第五战区右翼兵团总司令的张自忠，亲笔昭示各部队将领，要求他们坚决抗击日军。战斗打响后，坐在指挥部的张自忠眼看着焦灼的战况，心里非常不安。他想到前线去督战，手下将领急忙劝阻，说身为总司令，自然应该坐镇后方。但是，张自忠还是去了。他给副司令冯治安留下了一封信之后，亲自率领1500多人东渡襄河出战了。

"因为战区全面战事之关系及本身之责任，均须过河与敌一拼，现已决定于今晚往襄河东岸进发。到河东后，如能与38师、179师取得联络……一定求良心得到安慰。"张自忠在信中表明了自己的决心。

14日，张自忠率领这支部队将日军的第13师团拦腰截断，破坏了敌军的战术部署。但是，反应过来的日军，立即组织了6000多人的部队对张自忠进行了包围。面对数倍于自己的敌人，张自忠毫不畏惧，带领部下奋力杀敌，给日军造成了不小的伤亡。

16日，张自忠率领部队退入南瓜店。日军调来了飞机大炮对张自忠的部队进行围攻。他带领的部队由于接连作战缺乏补给，损失惨重，他本人也身负枪伤，但是他依然带着伤势在前线指挥。随着日军的推进，张自忠身边的士兵越来越少，他把自己的卫队也调到了前线作战。最后，他的身边只剩下8人。终于，日军攻破了阵地，张自忠壮烈殉国。

当日，38 师师长带领敢死队，抢回了张自忠的遗体。接着，日军下令飞机停止轰炸，以免伤到张自忠的遗体。在汉口的广播中，日军插播了张自忠的死讯，并称他是"壮烈战死的绝代勇将"。周恩来称赞张自忠："其忠义之志，壮烈之气，直可以为中国抗战军人之魂。"28 日，国民党为张自忠举行了国葬，以此纪念这位抗日战争中牺牲的最高将领。"汉奸张自忠"再也不会出现在人们的记忆里，取而代之的是"民族英雄张自忠"，且被后世的人们所铭记。

戴安澜：王师出境敌胆寒

人物名片

戴安澜(1904—1942年)，原名戴炳阳、字衍功，自号海鸥，安徽省无为县人。国军名将，黄埔系骨干之一。率领中国远征军第200师赴缅参战，取得同古会战、收复棠吉等战功。

1943年4月1日的重庆，街道上站满了自发前来送行的群众。墓碑前，摆满了国共两党主要领导人送出的花圈和挽联。蒋介石和毛泽东都写了诗词悼念他。而他安详的遗体上，覆盖着一面国旗。

这就是一代名将戴安澜的国葬现场。

1924年，年仅20岁的戴安澜就参加了革命，投身国民革命军。次年，他进入黄埔军校学习一年。在北伐战争中，戴安澜身先士卒，立下不少战功，逐渐成长为一位成熟的军官。

抗战全面爆发后，戴安澜相继参加了台儿庄战役、中条山战役、武汉保卫战等著名战役，为抗战事业做出了自己的贡献。1939年1月，戴安澜调任中央军王牌第5军第200师师长。第200师是当时中国第一个也是唯一一个机械化师，战斗力非同一般。

11月，昆仑关战役打响。戴安澜率领第200师，亲赴前线指挥，取得了歼敌六千余人并击毙日军旅团长中村正雄的辉煌战绩。经此一役，戴安澜的名号彻底打响，被蒋介石称赞为"当代之标准青年将领"。

1941年，太平洋战争爆发，日本将战火烧至东南亚各国。次年，中国组建远征军奔赴缅甸抗日。戴安澜加入其中，带领第200师作为先头部队出国作战。

入缅前，蒋介石召见戴安澜，问他："能否坚守一两周?"戴安澜回答："战至一兵一卒也会固守。"随后，戴安澜立下遗嘱："如本师长战死，以副师长代之；副师长战死，以参谋长代之；参谋长战死，由步兵指挥官替代，各级照此办理。"

进入缅甸同古后，英军正在准备撤退。日军不断增兵，加强火力，将同古的建筑全都炸毁。戴安澜毫不退缩，利用废墟继续与敌人抗争。面对4倍于自己的敌军，戴安澜坚守阵地，等待援军，足足支撑了12天，并且歼敌四千余人，掩护了英军的安全撤退。

顺利完成任务之后，戴安澜奉命开始突围。戴安澜命令大部队从锡塘河撤走，留下一小支部队和日军展开周旋，牵制敌人。等到大部队撤退后，这支小部队也安全撤离。于是，中国军队以伤亡800人的代价杀敌四千余人，并且成功撤退，留给了日军一座空城。为此，戴安澜在国际上也饱受赞誉，改变了西方国家对中国军队战斗力的误解。戴安澜将军并因此荣获美国"军团功勋章"，是二战中第一位获得此勋章的中国军人。

4月24日，戴安澜向棠吉的日本守军发起进攻。戴安澜一鼓作气拿下敌人的警戒阵地后，准备攻克棠吉。但是，缅甸战场上中英盟军的作战形势不容乐观。正在前线指挥的戴安澜，突然得知一大批日军穿过森林，绕到了自己的后方。此时的第200师变成了一支孤军，既没有援军，又缺乏补给。戴安澜努力寻找机会突围，但是在敌人的火力压制下，只能随着大部队退到了胡康河谷。

在退入河谷的过程中，远征军遭到了日军第56师团的阻击。日军和远征军遭遇后，除了进行正面攻击，还调集了飞机进行轰炸。一番轰炸之后，很多军队被打散，戴安澜的第200师也和军部失去了联系。戴安澜只能带领第200师进入山中打游击，再伺机找机会撤回国内。

18日，戴安澜命令部队分散突围。迎着敌人的机枪扫射和手榴弹轰炸，第200师的将士发动了一次又一次的突围，但在日军严密的火力封锁下突围失败。眼看着倒下的将士越来越多，戴安澜冲到前线，鼓舞士气，亲自指挥突围。戴安澜率部在缅甸茂密的丛林中穿梭，一边躲避日军的进攻，一边寻找突围的路线。

26日，戴安澜带着第200师的残部且战且退，到达了克钦山寨，此地离国境只剩几十里。但是在突围中受伤的戴安澜因为无药医治，鲜血即将流尽。这天下午，戴安澜望向祖国看了最后一眼，随即永远闭上了眼睛。

"现在孤军奋斗，决以全部牺牲，以报国家养育！为国战死，事极光荣。"在给妻子的遗书中，戴安澜表明了自己的心志。为国战死，他不后悔。这种精忠报国的气概，使得他的英名得以在抗战历史中浩气长存。

杨靖宇：驰骋雪原，至死抗战

人物名片

杨靖宇（1905—1940 年），原名马尚德，字骥生，河南省确山县人。中国无产阶级革命家，东北抗日联军的创始人和领导人，曾率领东北军民与日军血战白山黑水之间，直至弹尽粮绝，是著名的抗日英雄。

满天星，数不清，东边道，出英雄。

抗日英雄无其数，杨靖宇数第一名。

在被日军侵占的东北街头，流传着这样两句广为流传的童谣，因为有一个叫杨靖宇的大英雄扛起了抗日的大旗，成为了东北抗日的一面旗帜。

1932 年的东北烈火满地，风起云涌，爱国群众自发在白山黑水、松辽沿岸同日本侵略者展开了武装斗争。这一年，杨靖宇来到了东北，给日本侵略者沉重的打击。

1933 年，为了联合更多武装力量抗日，杨靖宇带着 300 人的队伍向辉发江以南出发了。自此凭借着在战争中总结出来的独具特色的一整套游击战术，一路凯歌，连战连捷，令敌人闻风丧胆。到 1936 年底，这支 300 人的队伍已经扩大为 6000 余人，活动范围也扩大到近 20 个县。

英雄的存在在令百姓叹服的同时，也如同一把尖刀插进了敌人的心脏。日军害怕了，强烈的不安令他们疯狂，在发布"若同时遇到杨靖宇和其他抗联部队，专打杨靖宇，不打其他抗联"命令的同时，还发动了一次又一次的围攻。"军事围剿"、"思想战"、"宣抚战"、"收买汉奸"轮番上阵，一场场针对抗联军队，针对支援抗联的群众的血腥屠杀就此出笼。

敌人费尽心机的严酷封锁让抗联陷入了孤立无援的境地。为了突破围剿，杨靖宇带领部队巧妙应战，避实击虚，在1939年的寒冬迎来了最残酷的战斗。

这一年的冬天，好似格外要冷一些，莽莽林海雪原，寒气逼人。在这样严寒的天气下，面对着几十倍于己且装备精良的敌人，杨靖宇却不幸同大部队失去了联系。战士们衣不避寒，食不果腹，在饥寒交迫间与敌人苦苦周旋。到1940年1月30日，历经敌人14次攻击的杨靖宇部队已不足100人。

没有粮食，没有冬衣，没有武器弹药，身后又有强大敌人的追击。鲜血弥漫，生命流逝，军队的规模在一天天缩减。有些败类们坐不住了，他们抛弃了自己的信仰，抛弃了自己的良心，抛弃了自己的兄弟伙伴，心安理得地成为了日本侵略者的走狗。1940年2月1日，司令部特卫排长张秀峰叛变，不仅带走了武器、密件和现金，还暴露了杨靖宇的行踪。日军大喜，出动大部队开始围攻，形势一天比一天危急。

杨靖宇一步步被逼入绝境，面对大批敌人，他连续战斗数日，到2月12日，他的身边仅剩6人。三天后，在敌侦察机引导下，敌人对杨靖宇行踪开启了地面搜索。面对如此绝境，杨靖宇仍旧不忘保护同志，他命令4名伤员避开敌人往回走，而自己则带着其他两名警卫员吸引追兵。

后来，敌人派出重兵封锁了濛江县各村通道和山岔路口，并且严令上山砍柴的村民不许携带食物，他们打着将杨靖宇困死的主意。后来两名警卫员在购买食物的途中被敌人发现，光荣牺牲，杨靖宇只能孤身一人面对600名追兵。

又一次遭遇敌人的杨靖宇已是多日粒米未进，左臂也不幸被击中，受了重伤。可就是在这样的情况下，600个追兵只剩下了50多人也未能成功追上杨靖宇的身影。直到2月23日上午，杨靖宇在三道崴子遇到了四个砍柴的村民，并求助于他们。他以为他们是救星，却不想正是这些披着伪善面孔的"救命恩人"亲手将他送到了日军的屠刀下。

2月23日下午3时50分，接到告密的敌人在三道崴子包围了杨靖宇，面对如此绝境，我们的英雄依旧镇定自若，他忍着伤痛，咬紧牙关，倚着大树，举起双枪，凭着一己之力，战斗到最后一刻。直到40分钟后，这位伟大的民族英雄终于倒了下去，享年35岁。

穷凶极恶的敌人割下了他不屈的头颅，剖开了他伟岸的胸膛，却只看到了无法消化的草根、树皮、棉絮，是的，没有一粒粮食。

这就是我们的英雄，活得伟岸，走得壮烈，战斗至生命的最后一刻。

吉鸿昌：恨不抗日死

人物名片

　　吉鸿昌（1895—1934 年），字世五，原名吉恒立，河南省扶沟人。抗日英雄，爱国将领，为宣传抗日被杀害于北平陆军监狱。被评为"100 位为新中国成立作出突出贡献的英雄模范人物"之一。

　　1895 年的中国，还处在甲午中日战争失败的阴影中。清廷腐朽，帝国主义欺压，中国的出路不知在何方。仿佛是上苍听见了中国的呼救，又或许只是巧合，总之，这一年，一代抗日名将吉鸿昌来到了世界上。

　　小时候的吉鸿昌与一般的顽童并无两样。最多，只是比其他孩子更调皮一些。他喜欢打架，被人欺负了，就用拳头解决。每次打架完了回家，父亲总是拿着扁担追着他打。他也因此得到一个"雅号"，唤作"扁担娃"。

　　这个脾气有些愣的少年，18 岁的时候参了军，在冯玉祥手下打出了一番名堂之后，又参加了后来的北伐战争。北伐的时候，吉鸿昌任国民革命军第 2 集团军 19 师师长。他带领的这支部队因为作战勇猛，连战连捷，因此被称为"铁军"。吉鸿昌的名气也渐渐打响。

　　1930 年，中原大战爆发。冯玉祥的西北军被蒋介石击溃，无奈接受改编。改编后，吉鸿昌仍然身居要职，任二十二路军总指挥。但是，蒋介石给他的任务是"剿灭共匪"。但吉鸿昌坚决不受命，要求枪口一致对外，停止内战。对于他的抗命行为，恼怒的蒋介石撤销了他的军职，派他去国外"考察"。实际上，这是一种变相的流放。

　　1932 年，日军悍然在上海发动"一·二八"事变，中国军队伤亡惨重。

听闻这一消息后，吉鸿昌立即回到了国内，并与中共华北政治保卫局秘密接触。4月，吉鸿昌加入中国共产党。次年5月，根据中共中央的指示，吉鸿昌回到西北，联系冯玉祥等人，组建了"察哈尔民众抗日同盟军"。

随即，吉鸿昌率领同盟军部队，对当地日伪军发起进攻。在吉鸿昌的指挥下，同盟军三战三捷，接连收复多处失地。7月，宝昌和沽源县相继收复。接着，吉鸿昌率部开始策划对多伦的进攻。

多伦地势险要，易守难攻，因其战略意义突出，日军在这里设下了重兵把守。经过仔细勘察，吉鸿昌制定了"强攻为主、先发制人、内外结合"的战术。7日晚，吉鸿昌指挥部队率先发起进攻，打了守军一个措手不及。但是反应过来的日军随即不断投入兵力和重武器，双方展开了一场恶战。经历三天的惨烈战斗后，多伦仍旧没有攻下来。这时，吉鸿昌除了继续在正面强攻以外，悄悄派出了一支小队，伪装成日伪军混进了城里。里应外合之下，吉鸿昌终于成功拿下了多伦这块难啃的骨头。

经历这几次胜仗之后，吉鸿昌的名头彻底打响。同时，这也是"九一八"事变以来，中国军队第一次从日伪军手中夺回的失地。

但是，取得初步战果的同盟军被蒋介石派兵包围，最终失败。1934年5月，吉鸿昌回到天津，在各派抗日人士的帮助下，建立了中国人民反法西斯大同盟。为了宣传抗日民族统一战线，吉鸿昌还自费建立了一个秘密印刷所，进行《民族战旗》的印刷工作。不久，这里成为了党组织的地下联络站之一。

6月，吉鸿昌等人与西安的杨虎城将军取得联系，开始筹资购买武器，策划反蒋抗日工作。早就视吉鸿昌为眼中钉的蒋介石对吉鸿昌起了杀心，命令军统特务暗杀吉鸿昌。

11月9日，吉鸿昌在法租界组织一次秘密会议时，一队军统特务破门而入，对着吉鸿昌连开数枪。吉鸿昌负伤后无力逃跑，被随后赶来的法国工部局逮捕。之后，不甘心的蒋介石打点关系，从法租界将吉鸿昌引渡出来。24日，国民党对吉鸿昌实施了所谓的"判决"之后，将吉鸿昌残忍杀害。

可怜一代抗日名将，最后却不是死在抗日的战场之上。但是正如他在就义诗中所言："恨不抗日死，留作今日羞。国破尚如此，我何惜此头！"他为抗战奔波、为革命奋斗、为国家牺牲的大无畏精神，被前赴后继的革命先烈们继承下来，为他完成抗日的心愿。他的血没有白流。

左权：一代将星　陨落太行

人物名片

左权(1905—1942 年)，字孳麟，号叔仁，湖南醴陵县新阳乡黄茅岭人。中国工农红军和八路军高级将领，伟大的无产阶级革命家、军事家。抗日战争爆发后，曾领导八路军在百团大战等多个重大战役中取得胜利，功绩赫赫。

名将以身殉国家，愿将热血卫吾华。

太行浩气传千古，留得清漳吐血花。

1942 年 5 月 25 日，八路军副参谋长血洒太行山脉，壮烈牺牲，一代将星就此陨落，只留下一个英雄的名字——左权。

左权原名左纪权，生于农家，2 岁丧父，年幼时一度以乞讨为生。谁能想到这个贫穷人家的孩子竟然能奇迹般地抓住人生中所有的机遇，成就一代将星的人生传奇。他 19 岁入读黄埔军校，20 岁赶赴苏联留学，25 岁学成归国，投身疆场。从开辟中央革命根据地到满满长征路；从强渡大渡河到攻打腊子口；从平型关战役到百团大战……革命道路上总是少不了他的身影。

他素来学习刻苦，在阅读军事理论、政治理论书籍的同时，也在战争中积累了不少经验。对于游击战术的研究也可以说是颇有创新，是中国著名游击战术的创始人之一。在十多年的军旅生涯中，他凭借高超的军事素养、丰富的实践经验多次指挥战斗并取得胜利。其中最著名的便是黄崖洞兵工厂保卫战，6：1的辉煌战绩可谓刷新了抗战史上敌我伤亡对比的纪录。

1941年11月初，日军出动重兵，在飞机的掩护下向黄崖洞兵工厂袭来。对此，八路军总部高度重视，因为黄崖洞兵工厂是我方部队的生命线，一旦兵工厂被毁，对部队的打击将是致命的。面对直面袭来的2000多敌人，如何拒敌呢？

八路军总部迅速举行了连以上干部的战前会议，决定将特务团、警卫部队在内的所有兵力全部投入战斗。除此之外，要求左权和特务团团长欧致富等领导人抓住有限的时间勘察地形，以便研究出最有效且可行的作战方案。11月8日上午，日军强势抵达黄崖洞外，径直向南口袭来。不过，他们自以为准备充分的攻击却在这一次尝到了苦头，我军早已在阵地外布下了密集的地雷。这一炸便让百余名日军丧命于此，如此惨状却未曾让疯狂的日军停止侵略的步伐，他们为了通过雷区，竟残暴而冷酷地选择了用尸体铺路。

更多的日军到达战地，除了集中炮弹打向南口阵地之外，他们还派出了千余名步兵在炮弹的掩护下向阵地发起攻击。这一攻便是一天。左权选择了有利的火力点，8挺机枪分布左右两侧，组成了交叉式的火力，日军冲上来一波便倒下一波，一时之间伤亡惨重。日军只好改变进攻方式，除了留守千余名兵力继续攻打南口之外，另派3个大队向侧后方前进，力图围攻八路军，令八路军腹背受敌。但是他们的意图早已在左权的意料之中，左权采取了应对措施，派遣4个营的兵力扼守险要地段，就这样将日军打了回去。

一次又一次的失败，一次又一次的伤亡让日军杀红了眼，开始无所不用其极，不断地向我军投放燃烧弹和毒气弹。这种做法虽然卑鄙却十分有效，我军许多战士都被烧伤或是中毒身亡。战士们开始急躁了，主动要求反击。左权意识到，日军的目的就是利用战士们的急躁情绪引诱他们离开阵地。

就在局势一天比一天紧张的同时，有人叛变了，他将我军战备的薄弱点——防守最为薄弱的 1416 高地报告给了日军。于是我军最薄弱的位置成为了日军眼中的突破口。日军当即调来援军，开始了对 1416 高地猛烈轰炸。一个昼夜之后，高地失守。紧接着，日军将 5000 多人分为 4 路，意图对八路军主阵地形成合围之势。

在敌人即将来袭的危急时刻，左权依旧保持冷静，针对当时的实际情况做出了一系列的应对措施。11 月 16 日，当日军费尽心力进入黄崖洞的时候，面对他们的只有四处埋满地雷的空厂房。

在此度过心惊胆战的一夜之后，日军只能选择无奈退回。气急败坏的他们不知道，左权事先安排好的 4 个团的兵力正在归途上张网待敌。

这一战，打得日军大败而逃；这一战，左权用 1200 人的兵力同日军 5000 多人鏖战 10 个昼夜之后大胜而归；这一战，我军共毙敌 1000 余人，其中还包括大队长以上的军官 5 名；这一战，创下了中日敌我伤亡对比前所未有的纪录。

胜利好似近在咫尺，奈何英雄埋骨青山，一代将星早早陨落太行，唯愿将军精神代代相传，传承不息。

彭雪枫：共产党人的好榜样

人物名片

彭雪枫(1907—1944年)，河南省南阳市镇平县人，中国工农红军和新四军杰出指挥员、军事家，参加过第三、四、五次反围剿及二万五千里长征。是抗日战争中新四军牺牲的最高将领之一，被毛泽东、朱德誉为"共产党人的好榜样"。

1942年11月13日，日军出动6000多人的部队，对淮北抗日根据地发起了持续33天的大扫荡，寻找新四军第4师的主力部队进行决战。第4师在敌众我寡、力量悬殊的情况下，不断和敌人进行周旋，找寻机会对敌军进行有效打击。在反扫荡斗争中，第4师以阵亡70余人的代价，杀敌500多人，粉碎了敌人的扫荡计划，终于在12月16日，日军被迫撤退。

这支雄健之师的长官，就是著名的爱国将领彭雪枫。自加入中国共产党以来，彭雪枫在历次战争中都勇往直前，所向披靡。1934年参加长征时，彭雪枫任红3军团5师师长。在后来的四渡赤水、娄山关等战役中都立下了不小的功劳。

1938年，抗日的战火在全国蔓延。彭雪枫受命带领新四军游击支队向敌后进发，同敌人进行迂回作战。战斗中，彭雪枫想到，应创办一份报纸，发挥报纸的宣传引导作用。在彭雪枫的组织下，报纸的创办工作很快开展起来。当时条件简陋，甚至连打印机都没有，但彭雪枫指示，精神食粮比吃饭更重要。于是，在这种极端艰苦的条件下，《拂晓报》诞生了。

彭雪枫为《拂晓报》亲自撰写了发刊词。宣传抗日主张、报道真实抗战

过程的《拂晓报》发行以后，受到了广大抗日军民的欢迎。毛泽东和刘少奇
等领导人给《拂晓报》题词之后，报纸更是声名远播。经过几年的发展，彭
雪枫创办的《拂晓报》成为中国共产党淮北地区的机关报。同时，报纸也和
文工团、骑兵团一起被称为新四军第4师的"三大宝"。

皖南事变之后，彭雪枫所在的八路军第四纵队改编为新四军第4师，
彭雪枫任师长。同年，彭雪枫带领第4师和国民党的一支反共军队展开了
为期三个月的艰苦抗争。击退敌军后，彭雪枫连续发表一系列文章，呼吁
部分顽固分子停止内战，一致对外。但是，仍有部分顽固分子负隅顽抗。

1944年8月15日，彭雪枫带着第4师的五个主力团准备西征，打击
顽固反共势力。仅仅8天之后，第4师就取得了西征的第一次胜利，毙敌
三百多人，俘虏一千多人。接着，彭雪枫和第4师乘势继续西进，收复了
苏区的大部分地区。

10月，彭雪枫率部来到夏邑县八里庄。攻打八里庄的任务落到了25
团的头上。彭雪枫从25团了解到，八里庄的李光明原是日伪区长，后来投
靠了叛变革命的刘子仁，被收编为支队队长。在八里庄，土匪出身的李光
明就像是一个土皇帝，打家劫舍、奸淫掳掠无恶不作。这里的老百姓都对
他敢怒不敢言。

4师的主力部队在追击刘子仁残部的时候，在八里庄遇到了李光明的
部队。李光明没有听从新四军的劝告，拒绝投降，并以此为据点负隅顽
抗。于是，彭雪枫决定派出25团清掉这个障碍，为民除害。

李光明的队伍虽然战斗力不强，但是占据了有利地形和一些建筑工
事，在四个据点进行把守，同时，还有夏邑县的日军随时可以支援，所以
对八里庄的进攻一定要快。彭雪枫决定集中优势兵力，逐个击破。为了防
止敌人逃跑和日军支援，彭雪枫还派了一支部队对西边两个据点进行围
攻，但是只围不攻。等到另外两个据点的战斗打响后，再派出骑兵作为追
击手段，力保万无一失。

布置好了战术之后，彭雪枫又亲自带队，担任了指挥前线进攻的任
务。在他的带领下，25团很快完成了清剿任务，并争取了部分守军起义。

剩下的敌人在我军的威慑下，也都缴械投降。

战争快要顺利结束的时候，彭雪枫来到炮楼前听取战况汇报。突然，彭雪枫被一颗流弹击中，献出了宝贵的生命，年仅37岁。刚刚还沉浸在战斗胜利喜悦中的新四军战士，突然失去了他们敬爱的长官，都失声痛哭起来。

在彭雪枫的追悼会上，毛泽东和朱德等领导人高度评价了他革命的一生，说他是"共产党人的好榜样"。中共中央写下了这样的挽联：

为民族为群众二十年奋斗出生入死功垂祖国
打日本打汉奸千百万同胞自由平等泽被长淮

项英：浩气长存雨花台

人物名片

项英（1898—1941年），原名德隆，化名江俊、江钧，湖北江夏（今武汉市江夏区）人。杰出的无产阶级革命家，工人运动的著名活动家，党和红军早期的领导人之一，新四军的创建人和主要领导人之一，抗日名将。在国民党反动派发动的皖南事变中，被叛徒杀害。

1912年，14岁的项英进工厂当了一名工人。但是，他的"工作"除了做工，还有读书。利用休息的时间，他不断学习以充实自己。在接触到了马克思主义之后，他对工人阶级有了新的认识。俄国"十月革命"的成功，更使他对工人运动充满了信心。1920年，他在武汉组织了纺织工人罢工，这是他领导工人运动的第一次尝试。

1922年，项英领导了汉口扬子江机器厂大罢工。在他的鼓动下，工人们奋起抗争，团结一心，取得了罢工的胜利。从此，项英成为武汉工人运动的领袖之一。在次年震惊全国的"二·七"大罢工中，他直接参与并领导了部分工人进行有组织的罢工。这次罢工显示出了工人阶级不屈的意志和力量，推动了全国工人运动的发展，项英也因此迅速成长为中国共产党的领导人之一。

1934年，第五次反围剿失败的中央红军开始长征。任中央军区司令员的项英和红24师及部分地方武装一起，留在苏区展开游击战，以掩护主力红军转移。主力部队撤退之后，留下的部队大都不是精锐部队，而且还有部分伤员。项英正是带着这样一支部队，在中央苏区坚持了三年游击战争，为红军主力的战略转移赢得了机会。

1937 年蒋介石迫于形势，停止了内战，同意联合抗日。但是在给红军番号时，蒋介石迟迟不给答复。共产党要求红军改编为单独的一路军，设总指挥部，蒋介石坚决不同意。共产党一再让步之后，蒋介石仍然不愿意给红军正式番号。七七事变爆发后，华北危急，慌了神的蒋介石终于松口，八路军随之成立。

12 月底，项英受命前往武汉同国民党谈判。次年 1 月，项英将剩下的地方红军改编为国民革命军新编第四军，项英任新四军副军长。到 1940 年，新四军从一万多人发展到十万余人，抗日根据地遍布大江南北，新四军的名声越传越远。而这一切，都离不开项英的努力。

1940 年，项英在皖南地区组织部队对日军的扫荡行动进行反击。他发扬在苏区三年的游击战经验，利用地形地势和敌人展开周旋。在 4 月和 10 月的两次反扫荡行动中，由于项英的出色指挥，歼灭了日伪军 3000 多人。

自 1940 年初开始，国民党就在华中地区蠢蠢欲动，对新四军虎视眈眈，欲除之而后快。国民党制定了切断八路军和新四军联系，三路进攻新四军的作战计划。与此同时，蒋介石致电要求江北的新四军南下，以配合国民党的战略部署。此时中央的毛泽东等领导人已经看出了苗头，也警告了新四军，但是项英对国民党没有足够的警惕，同意了这一要求。

10 月，国民政府军事委员会发布命令，要求八路军和新四军一个月以内转移到黄河北部地区。中共中央明确反对了国民党的要求，但是为了抗战大局，仍然同意北移。而此时的项英依然没有意识到国民党的阴谋，因此北移的进程一拖再拖。12 月，国民政府下达了《黄河以南剿灭共军作战计划》，集结 8 万人，对新四军进行围歼。次年 1 月 4 日，震惊中外的皖南事变发生。

被国民党军队包围的新四军，经历了 7 天的残酷战斗以后，只剩下两千人突围。项英率领一支队伍在山区继续同国民党周旋，伺机渡江北上。不料，在行军途中，项英被叛徒刘厚总杀害，以身殉国。

后来中共中央派人找到了项英等烈士的尸首，予以厚葬，1949年又迁葬至南京雨花台烈士陵园。壮士身虽陨，但他一身的浩然正气，和为革命付出生命的英勇事迹，始终在这天地间传扬着，激励着后来者。

第五章

巨龙腾飞　圆梦有时

詹天佑：中国人也能修铁路

人物名片

　　詹天佑（1861—1919 年），字眷诚。1861 年生于广东南海县。詹天佑是我国杰出的铁道工程专家，也是我国近代史上杰出的爱国知识分子，为我国铁路事业做出了卓越贡献。周恩来曾赞誉他是"中国人的光荣"。

　　1872 年，年仅 11 岁的詹天佑作为中国第一批官办留美学生留学美国。1881 年，他以优异成绩毕业于耶鲁大学，并于同年回国。

　　回国后，他投身于中国铁路建设事业，曾主持过我国京张、川汉、粤汉等早期铁路的建设，为发展我国早期铁路建设事业呕心沥血，奋斗终生。特别是由他主持的京张铁路的建成，震惊中外，既显示了我国劳动人民的勤劳与智慧，更扬我国威，增长了中国人的志气。

　　位于河北省境内的张家口，处于京、冀、晋、蒙四省的交界处，被视为北京的北大门，一直是兵家必争之地，地理位置非常重要。基于北京、张家口两地贸易往来发展的需要，有商人不停地提出修筑京张铁路的建议。清政府也基于控制和加强对蒙古统治的政治需要，最终同意修筑京张铁路。

　　然而，在 20 世纪的头几年，中国的科技水平极度落后，想修筑一条现代化的铁路，不仅有技术上的阻碍，还有来自路况、资金、人才方面的严峻考验，甚至还有来自各国列强的阻挠。早在 19 世纪末，俄国以及英国就提议修建从张家口到北京的铁路，因为这明显有政治目的在里面，所以遭到清廷拒绝。就这样，修建京张铁路的重担落在了中国铁路工程技术人员的肩膀上。

1905 年 5 月，京张铁路总局和工程局成立，詹天佑为总工程师。第二年，45 岁的詹天佑又被升为总办兼总工程师。京张铁路就这样真正地从计划开始付诸实践了。

詹天佑接手京张铁路，首先要面对外界的舆论压力。詹天佑深知京张铁路的修建绝不仅仅关乎他个人的荣誉，更是代表和决定着当时中国的国际形象和地位。他在给一位友人的信中这样描述自己肩上的重担："所有的中国人和外国人都在密切注视着我的工作，如果我失败了，那就不仅是我个人的不幸，中国工程师将失掉大众的信任。"

京张铁路沿线地形复杂，尤其是从南口到关沟地区。关沟地区是太行山北部山脉军都山的一条狭长地带，其地形极其复杂，崇山险隘、深沟巨壑、峭壁悬崖到处都是。这里非常著名的高地有居庸关、石佛寺、青龙桥和八达岭等。在这其中，又以八达岭最为出名。八达岭的山顶高高耸入云端，从关沟南部的南口到八达岭，虽然只有不到 20 公里的距离，但是地势的落差竟达到 180 丈，在这样的地势下要修 20 公里的铁路，就当时的技术、设备而言，不说中国人，就连外国的工程师想要完成此任务，都是非常困难的。

詹天佑对新线路经过多次勘察，最后决定将原来测量的路线稍微延长，使坡度缓慢上升。他把原来由石佛寺向西挖过八达岭达 1800 米的路程改为从石佛寺上山，入青龙桥东沟后再折返穿过八达岭，形成了"人"字形路线。"人"字形路线延长了八达岭的坡面，有效减少了坡度，路程才 1091米，比由石佛寺向西挖过八达岭的路程缩短了将近一半。詹天佑设计的"人"字形路线，后来被外国的线路勘测专家译为 Switch Back，中文又称为"之"字形路线，获得世界铁路专家的一致认同和赞扬。

在修建京张铁路时，他还独创了中开竖井的施工方法，加大工作面，提高了工作进度。即在八达岭隧道两端同时向中间对凿的同时，在八达岭隧道上方挖开直井一个，从山顶垂直下挖，然后又向两端分别开凿。

在詹天佑等人的不懈努力下，终于，在 1909 年 9 月 24 日，京张铁路全线竣工通车。这条单线铁路全长 201.2 公里，全路由中国的铁路员工进行管理。詹天佑运用自己的智慧和全部中国工程技术人员和工人的辛苦付出建成的这条铁路，向世界宣告着中国真正意义上的独自修建的第一条铁路诞生了！

詹天佑留给人的印象大都不苟言笑，大家都认为他是个严谨的工程师，务实，精细，但是，偶尔他也会流露出幽默的一面。在通车典礼后，有人问詹天佑，在整个京张铁路工程中，感到最困难的是哪一段？詹天佑答："是今天我的致辞。"

1912 年 9 月 6 日，孙中山先生从北京乘火车特地来到张家口考察。孙中山在视察张家口车站后，发表了热情洋溢的演说。孙中山高度褒扬了詹天佑创建的京张铁路，称它的建成是世界奇迹，并和当地的群众合影留念。

京张铁路竣工后，詹天佑又先后担任了川汉铁路、粤汉铁路总工程师等职。詹天佑从事铁路事业 30 多年，几乎和当时我国的每一条铁路都有不同程度的关系。由于中国政府的腐败无能，帝国主义的在华角逐，竟使这位爱国的、天才的杰出工程师不能完全施展才能，焦虑至极，终因积劳成疾，不幸于 1919 年病逝。

李四光：摘掉了"中国贫油"的帽子

人物名片

李四光(1889—1971年)，原名李仲揆，蒙古族，湖北黄冈人。著名的地质学家、教育家和社会活动家，同时也是中国现代地球科学和地质工作的主要领导人、奠基人之一。作为第一批杰出的科学家，他为新中国的发展做出了突出的贡献。

14岁那年，即将被保送到日本学习的一个小男孩，在领事馆填写报名表时，将年龄错填进了姓名栏中。因为家境贫寒，他舍不得再买一张报名表，便将"十"改成了"李"字，看着自己的名字变成了"李四"，他摇了摇头，这个名字实在不好听。随后，他受到横匾"光被四表"的启发，在"四"字后加了一个"光"字。

从此，李仲揆变成了"李四光"，而"仲揆"成了他的字。他不知道的是，李四光这一个因为失误而产生的名字，会在历史的长河中，散发出耀眼的光芒。

李四光来到日本后，对地质学产生了浓厚的兴趣，他想要探索出地质构造中存在的秘密。后来，他被派往英国学习地质学。此时的他才明白，可以推动巨大的石头移动几百里甚至上千里的，是冰川运动。这一新的发现，解开了存在他心底由来已久的疑惑。

原来，童年的李四光经常和小朋友们玩捉迷藏游戏，每次他都会藏在草地上一块大石头后面。李四光一听到有脚步声过来，便静悄悄地围着大石头转圈。他的身影被大石头遮住了，小朋友们难以发现他。

时间长了，他便想，周围一块石头都没有，这块大石头是从哪里来的呢？为什么独自躺在这片草地上？李四光问了许多人，却没人可以给他答案，于是，这便成为了他心底的疑惑。

李四光取得地质学硕士学位后，没有选择留在国外，接受高薪的工作，而是毅然决然地回到了中国。

此时的李四光回到家乡，用自己所学认真考察了童年时期存在至今的那块大石头。他终于知道了，原来大石头是从秦岭被冰川带到这儿来的。

经过更加详细的考察，李四光发现了长江流域有大量第四纪冰川活动的遗迹。李四光用众多的证据，推翻了那些国内外学术权威认为在中国不会存在第四纪冰川的理论。他的这一研究成果，让全世界都为之震惊。

几十年来，他在地质构造上悉心研究，提出了地质力学的构造理论，并用这个理论去寻找石油天然气资源、矿产，预测地震，开发地热，在中国地质史上，写下了光辉的一页。

与此同时，李四光不仅为中国的地质研究做出了突出贡献，而且还为中国摘掉了贫油的帽子。

长期以来，中国都被地质界认为是一个贫油国家。但是，李四光仔细分析了中国的地质条件之后，深信在中国一定埋藏着蕴含量丰富的油田。1954年，他向石油管理总局作了一篇报告《从大地构造看我国石油勘探远景》，在这份报告中，他指出青、康、滇一带是三个最有可能的油区。进而，他建议应该在柴达木盆地、四川盆地、伊陕台地、阿宁台地、华北平原、东北平原等地，展开大规模的石油勘察。华北油田、大庆油田、胜利油田……一个接一个大型油田出世，印证了李四光理论的正确性。石油资源的大量开采，是促进我国工业化进程的关键一环，李四光功不可没。

著名科学家钱学森评价他是"当代中国科技界、知识界的一面旗帜"。对于中国地质学来说，李四光的确是一面旗帜。对于国家和人民来说，他更是一面光芒四射的旗帜。他带着满腔热血和雄心壮志一路走来，在地质学上所取得的每一个成就，都为新中国的发展带来了难以衡量的价值。他的精神和成果，将永远飘扬在这个国度。

华罗庚："书呆子"数学家

人物名片

华罗庚(1910—1985年)，江苏常州人，著名数学家，中国科学院院士，美国国家科学院外籍院士。是中国解析数论、矩阵几何学、自守函数论与多元复变函数论等方面研究的创始人和开拓者，被列为芝加哥科学技术博物馆中当今世界88位数学伟人之一。

华罗庚从小就聪明好学，因为思考问题的时候经常发呆，而被同学们戏称为"罗呆子"。上初中以后，数学老师王维克发现了他的数学天赋，于是对他着重培养。从此，华罗庚与数学结下了不解之缘。

初中毕业后的华罗庚，因为交不起学费，只好中途辍学。所以这位伟大的数学家，其实一直只有一个初中文凭。但是，他没有放弃自己的理想，转而开始自学数学。

当时，华罗庚的手里没有什么能用的教材，只有一本《大代数》和《解析几何》。因为华罗庚白天要帮父亲的杂货铺记账，于是华罗庚挤出时间，趁着没有客人的时间就抓紧看书。有时候，他看得入迷了，就把自己计算的结果当成客人结账的数目，闹出了不少笑话。生气的父亲说要烧了他的书，华罗庚死死抱着书本不放，父亲没有办法只好随他了。

有一次，一位妇女来买棉花。华罗庚正在店里算一道题，妇女走进来他也没注意。妇女拿起一包棉花问他多少钱。结果华罗庚脱口而出的是自己刚刚计算出来的题目答案。妇女惊呼一声："怎么这么贵?"华罗庚这才意识到店里来了客人，于是给客人重新算账。

妇女走了之后，华罗庚坐下准备继续算题的时候，发现那个妇女把他刚刚算题的稿纸带走了。这可急坏了华罗庚，他跑出去追，追到妇女之后，向她讨要稿纸。妇女被这个孩子感动，把稿纸还给了他。

正是在这样恶劣的环境中，他凭着惊人的毅力，用5年时间自学完了高中和大学的所有数学课程。因为在寒冬的时候也坚持学习，他还因此患上了关节炎。这一段经历为他以后的数学研究生涯，奠定了良好的基础。

1930年，华罗庚在《科学》杂志上发表《苏家驹之代数的五次方程式解法不能成立之理由》。一时之间，整个中国数学界为之震惊。时任清华大学数学系主任熊庆来听说华罗庚自学成才的事迹后，破例聘请华罗庚进入清华大学担任图书馆馆员。

在熊庆来的指导下，华罗庚用一年半的时间，学完了数学系所有的课程。次年，华罗庚转为数学系助理，之后一路升到讲师。这对一个只有初中文凭的人来说，简直是一个奇迹。但华罗庚知道，这个奇迹是他自己努力的结果。

后来，他又到英国留学。他在英国期间发表了一系列论文，逐渐声名鹊起。回国后，他担任了清华大学的数学系教授。

1948年，华罗庚被美国伊利诺伊大学聘为教授。但是新中国成立的消息传来后，华罗庚归心似箭。美国为了留住他，给他提供了优厚的待遇，还许诺了很多好处。但是华罗庚只想马上回到自己的祖国。1950年，华罗庚冲破重重阻碍，回到百废待兴的祖国，担任清华大学数学系主任。不仅是自己回国，在路过香港的时候，他还写了一封长达上万字的公开信，呼吁在国外的知识分子都回到祖国的怀抱。

1979年的时候，华罗庚受邀去英国讲课。途中他遇到了一位美国记者，记者问他，有没有对当初回国的事情感到后悔？华罗庚毫不犹豫地说不后悔。他说："我回国不是为了享受，我是要用自己的力量，为祖国做一些事。"他的爱国之心，溢于言表。

在清华大学任教期间，他为祖国培养了许多优秀人才。陈景润、王元等都是华罗庚的弟子。除了培养高等数学人才，他尤其注意数学在全国范围内的普及。他为我国数学科学的发展做出了卓越的贡献。

　　1985 年，华罗庚应邀去日本讲学时，在讲台上猝死。他传奇的一生就此终结，但他的光辉始终照耀着祖国。他的一生留下了十部巨著和一百多篇学术论文，国际上以"华氏"命名的数学理论成果也有不少。他开启了中国现代数学的大门，并打下了他光辉的烙印。

茅以升：不复原桥不丈夫

人物名片

茅以升(1896—1989年)，字唐臣，江苏镇江人。土木工程学家、桥梁专家、工程教育家，中国科学院院士，美国工程院院士，中央研究院院士。参与设计了武汉长江大桥，主持修建了中国人自己设计并建造的第一座现代化大型桥梁——钱塘江大桥，钱塘江大桥成为中国铁路桥梁史上的一座里程碑。

"死人啦！死人啦！"一声声惊呼从门外传来，10岁的茅以升听到动静，好奇地扒在门上偷听。原来，是当地举行的龙舟大赛出了事。这天是端午节，大家都跑去看龙舟。但是桥上人站得太多了，结果桥塌下来，死了不少人。

这件事在幼小的茅以升心里，留下了很深的印象。那时候他就发誓，长大之后，一定要造出最结实的桥。从此以后，他在路上只要看到桥，就会跑过去盯着桥的结构看上半天。上学读书以后，他也没有消停下来，只要见到书本上关于桥的段落，就摘抄下来；看到桥的画，就剪贴下来。他把这个习惯一直坚持了下来，后来翻出来看的时候，有厚厚的好几本。

怀揣着这个梦想，发奋读书的茅以升考取了留美研究生的资格。他从美国康乃尔大学桥梁专业拿到硕士学位后，又攻读了卡耐基理工学院的博士学位，并顺利毕业。他的博士论文《桥梁桁架的次应力》提到的理论，被学界称为"茅氏定律"。

毕业后，茅以升回国任教。后来，他受邀去主持钱塘江大桥的设计修建工作。在当时，中国还没有属于自己人建造的现代化大桥。郑州黄河大桥是比利时人造的，济南黄河大桥是德国人造的，哈尔滨松花江大桥是俄国人造的……茅以升决心要建出一座由中国人自己设计建造的现代化大桥来。

经历了一年多的勘察和筹备工作后，茅以升设计了一个双层联合桥，这座桥拥有美观的外形和稳固的桥基。但是，这只是一个开始。钱塘江历来就不是什么风平浪静的地方，著名的钱塘江大潮甚至成为了特色景观。如果设计出来的桥不够坚固，上游的山洪和下游的海浪随时可能击垮它。更何况还有每年如期而至的台风，都是对大桥的考验。

茅以升遇到的第一个难题，也是最大的难题就是打桩。钱塘江下面是40多米厚的泥沙。要将桩子牢牢打进去，不是一件容易的事。开始茅以升设计了一艘打桩船，但是不久就触礁沉没，而且船本身有着定位不准的问题。后来茅以升又设计了一个江上测量仪器，然后抽出江水，冲向江面。当江底的泥沙被冲开的时候，就可以快速打桩了。这样的设计大大提高了工作效率。

在全体工匠的努力下，茅以升在大桥修建上相继解决了80多个技术难题，完成了这个"不可能完成"的任务。1937年9月，大桥正式通车。

但是，有心人会发现，茅以升在桥墩上留下了一个大洞。对此，他没有向任何人解释。直到11月16日，上海陷落后，杭州岌岌可危。南京政府给茅以升下达了一个令他痛心疾首的命令：如果杭州不保，就炸毁大桥。原来，这个大洞正是为了这个命令而准备的。

12月23日，茅以升怀着沉痛的心情，主持了炸桥的事宜。虽然有一种难以名状的悲伤环绕着他，但是深明大义的他也明白，为了国家大义，必须炸桥。炸桥前，茅以升留下了这样一首诗：

斗地风云突变色

炸桥挥泪断通途

五行缺火真来火

不复原桥不丈夫

1946 年，茅以升如愿修复了大桥。茅以升修建的这座古老大桥，直到 2017 年依然屹立不倒，行人和车辆都能够正常通行。已经 70 多岁的钱塘江大桥，因为"超龄工作"，曾受到网友热捧，被誉为"桥坚强"。而这背后蕴含的，正是茅以升的智慧和心血。

1955 年，年近花甲的茅以升再次接到重任，主持武汉长江大桥的修建。经过两年的时间，中国第一座跨越长江的大桥建成通车。毛泽东激动地写下了"一桥飞架南北，天堑变通途"的诗句。

1989 年，为中国桥梁事业贡献了毕生精力的茅以升在北京病逝。他留下的作品不多，但是钱塘江大桥和武汉长江大桥这两座知名大桥，承载了他崇高的品质和精神，保留了下来，一直为人们所称道。

王淦昌："以身许国"的科学家

　　1961年，刚从苏联回国的科学家王淦昌，被第二机械工业部部长刘杰约见。刘杰带着中央的指示，希望他参加中国的核武器研究。这并不是当时王淦昌的研究方向，但为了国家的强盛，王淦昌答应了。为了配合国家的核武器研究，王淦昌改名为王京。这不是简简单单地改一个名字那么简单，这意味着，若干年内，他都不能交流学术成果，不能为自己想要获得的诺贝尔奖而奋斗。这意味着，为了国家，他必须放弃那些本该可以得到的一切。

　　当有人问他，为什么能够以全部的热情和忠诚投入到这项工作中时，他只说了四个字："以身许国。"

　　在此后的17年间，王淦昌几乎在这个国度消失，取而代之的是王京这个人，甚至连他的家人，都不知道他到底在哪，在干什么。

　　1925年，王淦昌考入清华大学。从小喜爱数学的他，却因为清华优越的实验条件，一头扎进了化学实验中。然而，第二年分系的时候，令人大跌眼镜的是，他既没有选择数学系也没有选择化学系，而是出人意料地选择了物理系。原来，这都是因为实验物理学家叶企孙教授。因为叶企孙教授的讲解，让王淦昌渐渐爱上了物理。

在清华毕业后，他留校担任助教。在吴有训教授的指导下，他完成了中国第一篇有关大气放射性的研究论文《清华园周围氡气的强度及每天的变化》。为了完成这个论文，他每天都在固定时间去记录当天的气压、温度、风速等数据。这是一项枯燥繁琐的工作，但是王淦昌整整坚持了半年。

后来他考取了德国留学生的资格，在德国获得了博士学位。新中国成立后，政府成立中科院，并计划开展原子核科学的研究。王淦昌被吸纳到中科院，和钱三强等人一起，研究中国的核物理。

1956 年，根据国家的指示，王淦昌来到苏联杜布纳原子核研究所工作。在这里，他和周光召、丁大钊等人一起完成了一项震惊世界的发现——反西格马负超子，引起了国际学术界的轰动。

1960 年 12 月，王淦昌回国工作。回国前，他把自己工作四年攒下的 14 万卢布送给了中国驻苏联大使馆，并请他们代为转交给国家。当时中国处在三年自然灾害的困难期间，这笔钱虽然不多，但却是他节衣缩食攒下的，是他对祖国的一片心意。

回国不久，他就化名王京，秘密投入到了原子弹的研究工作中。当时的核试验并没有专门的场地，他们就借用了解放军的靶场。基本掌握了内爆的手段之后，靶场就不能用了。接着，王淦昌带头离开北京，前往苦寒的西北，继续研究工作。

西北的条件并不好，又处在 3200 米的海拔高度上。在高寒缺氧的环境下，烧水和吃饭都成了问题。但王淦昌没有怨言，马上投入到紧张的工作中。他每天亲自到实验室和车间了解情况，根据新的发现和同事们展开讨论。有时候讨论得太激烈，不知不觉到了深夜。

在这样忘我的工作下，1964 年 10 月 16 日，一个巨大的火球在西北的戈壁上升起。那轰隆的响声，在王淦昌听来却是如此悦耳。仅仅两年八个月后，中国的第一颗氢弹也研制成功，成为从原子弹到氢弹研究最快的国家。这其中自然少不了王淦昌的功劳。人们称他为核弹先驱，但他却谦虚地表示，这是大家的功劳。

除了在核能领域的研究，王淦昌还是世界激光惯性约束核聚变理论的创始人之一，并开辟了氟化氪准分子激光惯性约束聚变研究的新领域。这些成果都使他蜚声国际。同时，在担任大学教授期间，他也为国家培养了不少英才，后来获得诺贝尔奖的华裔科学家李政道就是他的学生。

王淦昌作为一名科学工作者，最为人称道的却是他无私奉献、以身许国的精神。他严谨治学、一心为国的形象，给所有的科学工作者们树立了一个正面典型，成为后世楷模。

钱学森：中国导弹之父

人物名片

钱学森(1911—2009年)，祖籍浙江省杭州市临安，是世界著名的科学家，空气动力学家，中国载人航天奠基人，中国科学院及中国工程院院士，中国"两弹一星"功勋奖章获得者，被誉为"中国航天之父""中国导弹之父""中国自动化控制之父"和"火箭之王"。

"我姓钱，但我不爱钱。"这是著名科学家钱学森的金钱观。几十年间，他不为名不为利，时刻把国家和人民的利益放在首位，发扬艰苦奋斗的精神，为我国的航天事业做出了不朽的贡献。

1947年，年仅36岁的钱学森，被美国知名高等学府麻省理工学院聘为教授。这就预示着，钱学森的前途不可限量。这当然不是没有原因的。作为著名科学家冯·卡门最器重的学生，钱学森参与了美国最早研究火箭的小组。并且，在航天领域具有重要影响的卡门-钱公式也是出自钱学森之手。

1949年，新中国成立的消息传来，钱学森和许多爱国人士一样，急切期盼着回到祖国，为祖国的科技事业做出贡献。不仅如此，他还对中国留学生说，希望他们都能够回到祖国，参与社会主义建设。

听说钱学森要回国，美国有关方面立刻采取行动，试图阻止钱学森回到中国。从美国的立场来看，如果放钱学森回国，那么中国的导弹研究一定会加快进程。甚至有极端的意见认为，宁可杀了钱学森，也不能放他回去。

钱学森收拾好行李之后，正准备离开，却突然收到一份文件，告知他不准离开美国。为阻止钱学森回国，美国方面还诬陷钱学森是间谍，说他的行李中有机要文件。其实，钱学森只是带了一些教科书和自己的研究笔记而已。

回国的计划受阻，钱学森只好回到家中等待，寻找时机。美国方面却再次行动，突然逮捕了他。钱学森被关在一个拘留所里，看守人员奉命不断骚扰他，不让他睡觉。钱学森的遭遇被许多正义人士知道后，他们严正抗议美国政府的行为。迫于舆论压力，美国不得不放了钱学森。

但是，钱学森日思夜想的，仍然只有祖国。他将行李都放在三个小箱子中，随时准备回国。后来，移民局又抄了钱学森的家，将他的行李和书籍一并没收。愤怒之余，钱学森也在思考回国的方法。

1954 年，钱学森无意中在报纸上看到他父亲的朋友陈书通站在天安门城楼上。细看之下才发现，他的身份是全国人大常委会副委员长。于是，激动的钱学森马上写了一封信，希望陈书通能够代为转告祖国，帮助他回国。

4 月，在日内瓦会议上，中国代表团团长周恩来想到了被美国扣押的中国科学家和留学生，于是就这个问题与美国进行谈判。为了表示诚意，中方同意释放在华的美国侨民和一部分被中方拘禁的军事人员。但是美国仍然没有答应放人。最后，中国再次做出让步，释放了 4 名美国飞行员，美国这才同意放人。

但是，美国依然不打算放钱学森回国。直到 1955 年，中国政府再次做出让步之后，钱学森才得以回到祖国的怀抱。历尽艰难终于能够重新踏上祖国土地的钱学森无比感动，尽心尽力为新中国发展航天事业。

60 年代，中苏关系恶化之后，苏联将留在中国的科学家全部撤走，支援中国的项目和合同也全部失效。不仅如此，关于导弹方面的技术，美国和苏联都紧紧封锁了技术。在这样恶劣的环境下，钱学森和一干科学家们不断努力，不管是吃粗粮还是睡帐篷，都毫无怨言。1964 年，中国第一颗原子弹爆炸成功。1967 年，中国第一颗氢弹爆炸成功。1970 年，中国第一颗人造卫星发射成功。

这喜人的成绩背后，是钱学森和一众科学家心血和智慧的结晶。钱学森放弃美国优厚待遇，冲破重重阻挠回到祖国的精神也被人们传颂。1991年，国家颁给了钱学森迄今为止唯——个"国家杰出贡献科学家"的荣誉。这是对钱学森在科学领域做出贡献的肯定，也是对他爱国精神的肯定。

2009 年 10 月 31 日，钱老与世长辞。2007 年的《感动中国》节目组为他写下了这样的颁奖词：在他心里，国为重，家为轻，科学最重，名利最轻。五年归国路，十年两弹成。开创祖国航天，他是先行人，披荆斩棘，把智慧锻造成阶梯，留给后来的攀登者。他是知识的宝藏，是科学的旗帜，是中华民族知识分子的典范。

朱光亚：一生只做一件事

人物名片

朱光亚(1924—2011 年)，湖北武汉人，中国核科学事业的主要开拓者之一，"两弹一星"功勋奖章获得者，入选"感动中国 2011 年度人物"，被誉为"中国工程科学界支柱性的科学家""中国科技众帅之帅"。

"他一生就做了一件事，但却是新中国血脉中，激烈奔涌的最雄壮力量。细推物理即是乐，不用浮名绊此生。遥远苍穹，他是最亮的星。"这是2011 年感动中国的颁奖词，讲的就是朱光亚老人，他一生就做了一件事。

朱光亚早期主要从事核物理、原子能技术方面的教学与科学研究工作；20 世纪 50 年代末，他负责并组织领导中国原子弹及氢弹的研究、设计、制造与试验工作，参与领导了国家高技术研究发展计划的制订与实施、国防科学技术发展战略研究，组织领导了禁核试条件下中国核武器技术持续发展研究、军备控制研究及武器装备发展战略研究等工作，为中国核科技事业和国防科技事业的发展做出了重大贡献。

在新中国百废待兴的时候，他意气风发地回到了祖国，并且写下了那封著名的《致美国留学同学的公开信》，在信里面他写道："回去吧，让我们回去吧，把血汗洒在祖国的土地上，灌溉出灿烂的花朵，我们中国要出头的，我们的民族再也不是一个被人侮辱的民族！"带着这样一种不容置疑的爱，他回来了，以他敏锐的战略眼光和谋略，造就了一个时代。他不愧为一位战略科学家、难得的帅才！

1960 年，36 岁的朱光亚已经置身于中国核工业的最前沿，从此一生隐姓埋名。他这一生为国家奉献的太多，但在生活中他的要求总是很少很少，在他心中，这不是牺牲，这是对祖国爱的最朴素的表达，爱党爱国、赤胆忠心、淡泊名利、无私奉献……这些词全部用在朱光亚身上也毫不为过，可是，太苍白了，它们涵盖不了朱光亚无限的人格魅力。

1964 年 10 月 16 日 15 时，一朵黄褐色的蘑菇云在我国的西北戈壁腾空而起，震惊世界。当时，朱光亚一行人在赶去试验场的路上迷路了，没能赶到现场观看。原子弹爆炸的瞬间，还在赶路的朱光亚停下脚步，看着正在升腾的蘑菇云，想着自己没能亲眼见证这历史性的伟大时刻不禁潸然泪下。这一辈子他只喝醉过一次，那是在中国原子弹试爆成功后的庆功宴上。

之后，中国的第一颗氢弹爆炸成功。这两声巨响掷地有声地向全世界宣告，新中国已经跻身核大国行列。就在争分夺秒进行第一颗原子弹爆炸试验期间，朱光亚领导了另一项研究——地下核试验。1969 年 9 月 23 日，在他的带领下，中国第一次地下核试验圆满成功。

1999 年，正值国庆 50 周年之际，将毕生精力献给了祖国核科技事业的朱光亚已经 75 岁。75 岁的朱光亚与其他 22 名科学家一同被授予"两弹一星"功勋奖章。2004 年 12 月，为表彰朱光亚对我国科技事业特别是原子能科技事业发展做出的杰出贡献，国际小行星中心和国际小行星命名委员会批准，将我国国家天文台发现的、国际编号为 10388 号小行星正式命名为"朱光亚星"。

2011 年 2 月 26 日，在一个风雪交加的初春，漫天飞舞的雪花在风中缠绕，像是一场送别。就在这天上午，87 岁高龄的"两弹一星"元勋朱光亚院士停止了思考，中国科学届的一颗巨星陨落在风雪中。但闪耀在夜空的那颗"朱光亚星"将永远光芒四射，璀璨夺目。

钱三强：学以致用，报效祖国

钱三强（1913—1992 年），原籍浙江湖州，生于浙江绍兴，是著名语言学家钱玄同之子。著名核物理学家，中国原子能科学事业的创始人，"两弹一星"元勋，中国科学院院士。

1913 年 10 月，正在北京大学教书的钱玄同教授，收到了家里传来的喜讯——儿子出生了。他为这个寄予厚望的孩子取名为"秉穹"，意思是掌握苍穹。只是他没有想到，儿子出名之后，用的却不是这个名字。

钱秉穹上学之后，有一次收到一个同学寄来的信。这个体质不如他的同学称自己为"大弱"，称钱秉穹为"三强"。钱玄同看见了，便问儿子为什么叫三强。钱秉穹老老实实回答了父亲的问题，说因为他身体强壮，又排行老三，所以叫三强。钱玄同听了之后，连说了数声好。他认为，三强还可以解释为"德智体"都进步的意思，于是就将儿子的名字改为"三强"。

1929 年，钱三强进入清华大学，并对物理学产生了浓厚的兴趣。以优异的成绩从清华大学毕业后，他又来到北平研究院物理研究所继续学习。后来他考取了留法学习的名额，前往法国深造。

1937 年 9 月，钱三强来到法国学习。他的导师是著名科学家、诺贝尔奖的获得者居里夫人的女儿伊莱娜。而伊莱娜也和她的丈夫约里奥一起获得了诺贝尔奖，被称为第二代居里夫妇。

原子核物理和原子能化学密不可分，因此，钱三强不得不在两个实验室之间奔走。约里奥主持原子能化学实验室，他选了钱三强作为自己的助手后，发现这个年轻人不仅思维敏捷，而且踏实肯干。一次，约里奥交给钱三强一个任务，以《云雾室研究 α 与质子的碰撞》为题，完成博士论文。对钱三强最初提交的方案进行了一些修改之后，约里奥就放手让他自己去完成了。

一段时间过后，约里奥来到实验室的时候，发现钱三强云雾室的组件都已经做好了，正在组装。约里奥惊讶地问他："这都是你自己做的？"钱三强老实地回答："我把图纸画好后，就自己做了一些样品，送到工厂去给工人师傅们加工。"约里奥又问："工厂在哪？"钱三强回答："在巴黎郊外。"约里奥惊叹不已，对于钱三强解决实际问题的能力大为赞赏。因为钱三强的缘故，约里奥后来这样说道："法国的大学生只有分数，而来自中国的大学生则同时具有实际的工作能力。"

1946 年，钱三强和同科的才女何泽慧在巴黎东方饭店举行了婚礼。居里夫妇也双双到场，给予了他们最真挚的祝福。两人的结合可以说是珠联璧合，成就了一段佳话。

也是在这一年，钱三强在实验室发现了一种特殊的二裂变现象。为了寻找其中的真相，钱三强和何泽慧在实验室里度过了无数个不眠之夜。经过上万次的实验，两人终于发现了铀核的三分裂。但是随即，就有人质疑那不是三分裂，而是原子能将要破裂前放射的 α 粒子。钱三强夫妇根据这一质疑，再次投入到了新的探索之中。12 月，他们公布了"三分裂"和"四分裂"的研究成果。因为两人在物理学界的成就，他们被称为"中国的居里夫妇"。

1948 年，钱三强放弃了他在法国获得的名誉和地位，放弃了法国政府的优厚待遇，坚决回到了祖国的怀抱。他说："科学没有国界，但是科学家是有祖国的。"

中国科学院成立之后，钱三强任原子能研究所所长。根据中央的指示，他一头扎进了核弹的研究中。在原子弹研究的关键时期，中苏关系恶化，苏联将所有专家撤走。而当时研制原子弹所必需的铀-235 的提取是一项机密技术，苏联对这项技术严密封锁。"别人能搞出来的，我们也能搞!"于是，钱三强组织攻关小组，经过两年的努力，终于攻克了这项技术。

1964年，我国第一颗原子弹爆炸成功。不久，氢弹也成功爆炸。钱三强用他扎实的物理学知识和艰苦奋斗的精神，铸就了世界导弹研究领域的一个奇迹。对于不求名不求利的钱三强来说，1999年国家追授给他的"两弹一星"功勋奖章，是对他最好的褒奖。

邓稼先：永恒的骄傲

　　"稼先为人忠诚纯正，是我最敬爱的挚友。他的无私的精神与巨大的贡献是你的也是我的永恒的骄傲。"这段出自中学语文课本的话，是诺贝尔奖获得者杨振宁在邓稼先逝世后写给邓稼先妻子的。邓稼先鞠躬尽瘁，一生为国，把自己的生命置于危险之中，使国家安全得到了保证。他是国家的骄傲，人民的骄傲。

　　1948 年，邓稼先从西南联大物理系毕业后，到美国普渡大学攻读博士研究生。1950 年，刚刚成立的新中国迫切需要科技人才，而美国又宣布政策，不准在美国读理工的中国留学生回国。著名科学家钱学森正是在这样的环境下被阻挠了五年之久，才得以回国。

　　一心只想回到祖国的邓稼先拒绝了导师开出的优厚条件，毅然选择回到一穷二白的新中国。拿到博士学位后的第九天，邓稼先就冲破了重重阻挠，回到了祖国。

　　回国之后的邓稼先被分配到中国科学院近代物理研究所工作。在这里，他度过了一生中最轻松的八年时间。他入了党，娶妻生子，生活平静而幸福。

　　1958 年，和钱三强的一次谈话，打破了他平静的生活。之后，邓稼先做出一个决定。在此后的 28 年间，他隐姓埋名，钻进荒无人烟的戈壁，开始进行原子弹的研究。为了保密，连他的妻子也不知道他的行踪。

最开始，邓稼先的任务是向苏联专家学习。后来，苏联撤走了专家之后，只能自己动手研制。苏联专家撤走之前，还得意洋洋地告诉邓稼先，没有他们的帮助，中国 20 年也造不出原子弹。

苏联专家的话既是挑衅，也是客观事实。当时的中国工业基础薄弱，科学起步也晚，实验室里甚至没有一台像样的计算机。实验室唯一的一台计算机，运算速度是一万次每秒，完全无法承担原子弹研究的计算任务。迫于无奈，邓稼先和同事们只能用简单的计算器和算盘来进行运算。因此，实验室里经常堆满了运算的稿纸。

带领着 28 个学生，在简陋的实验室里，邓稼先开始了他的研究。研究比想象中要难得多。为了验证苏联专家的一个关键数据，邓稼先和同事们先后进行了 9 次运算。每一次运算都要涉及几万个方程。没有计算机帮助的邓稼先，全靠在草稿纸上用笔计算。

功夫不负有心人。他们最终攻破了这个难题，取得了突破性的进展。著名数学家华罗庚也对这次运算赞不绝口。

1964 年 10 月 16 日，一朵巨大的蘑菇云在茫茫的戈壁上升起，它像一朵烟花一样带着节日的喜庆，向世界庄严宣告了中国的崛起。紧接着，第一颗氢弹、第一颗人造卫星……中国的科技实力与日俱增，再没有人敢小觑中国。这一切，都离不开邓稼先的努力。

1979 年，在一次核试验中，倒计时之后，蘑菇云却并没有按时出现。为了找出原因，防化兵出动，搜索了一圈后没有得到结果。邓稼先见状，决定亲自去寻找。现场有人拦住他，他说："我是签了字向国家保证这个实验是成功的，如果出了问题，我肯定要负责到底。"

当人们发现他手里捧着碎了的弹片的时候，已经来不及了。他当然知道这些放射性物质具有怎样的毒性，但是他更知道，核武器的研究，对于中国的重要性。

几天后，他被送往了北京的医院。但是没住多久，邓稼先就回到了基地。他知道基地离不开他。

1985 年，邓稼先已经无法从事实验工作，被送到了医院静养。但是躺在病床上的邓稼先依然不忘工作的事情。他想到了当前核武器理论研究已经到达了瓶颈，很难再有新的突破。为了维持自己的核武器优势，发达国家肯定会禁止核试验。于是，病中的邓稼先和于敏共同提交了一份核武器发展规划，争取赶在禁止核试验之前，赶上发达国家的水平，"不要让人家把我们落得太远"。后来的事实证明，邓稼先的猜想是正确的。

次年，因为放射性物质的污染和积劳成疾，邓稼先不幸逝世。他是为了祖国，为了人民而献身的。正因为有了邓稼先这些把国家利益放在个人利益之前的科学工作者，中国才能用最快的速度摆脱任人欺凌的境地，才能让世界正视中国。

周光召：一心一意科研路　矢志不渝强国梦

人物名片

周光召（1929—　　），湖南长沙人，科学家、世界公认的赝矢量流部分守恒定理的奠基人之一、"两弹一星"功勋奖章获得者。现任中国科学技术大学名誉校长。

1945 年 8 月，日本广岛、长崎遭受了原子弹的攻击，第二次世界大战因此提前画上了句号。然而，全世界又进入了新的一轮军备竞赛之中。那一年，周光召 16 岁，听说原子弹的发明者是一名物理学家，第一次，他对物理产生了兴趣。

1947 年，周光召报考了清华大学的物理系专业。1953 年，周光召研究生毕业，成为北京大学的物理讲师。1957 年，周光召迎来了人生重大的转折点：他被国家选派，远赴苏联莫斯科杜布纳原子核研究所任中级研究员，从事高能物理、粒子物理方面的研究工作。从此，他的生命与物理原子能科研联系在一起。

尽管是以学员的身份在杜布纳原子核研究所工作，尽管此时的周光召仅仅是个 28 岁年轻的研究员，但正所谓初生牛犊不怕虎，周光召在科研中从来不惧权威。他只有一个想法：坚持真理，在自己的研究领域里一定要做出成绩。

一次，周光召组里的负责人邀请他参加关于相对性粒子课题的讨论会，这在当时是一个比较高深的课题，在会议中苏联权威教授滔滔不绝地介绍着自己的证明。周光召仔细思考后感觉和自己的推论有差别，于是在会议上当面提出了不同的看法。教授很生气，又觉得周光召年轻，所以对他不以为然。但是周光召并没有气馁，自己一个人用了几个月的时间，一步一步地对相对粒子课题进行严格证明，把结论写成了论文《相对性粒子在反应过程中自旋的表示》。

因为年轻，当时并没有人对他的这篇论文给予过多关注。然而不久后，一位美国科学家在研究中也得出了类似的结论，这就是著名的"相对性粒子螺旋态"理论，周光召的研究终于引起了人们的关注。同年，周光召在国际会议上首先提出粒子的螺旋态振幅，从此他成为了赝矢量流部分守恒定理的奠基人之一。

1959年，中苏关系破裂，苏联将派来的研究专家全部从中国撤走，国内多项科研项目被迫中止，其中最重要的就是原子核能的研究。此时的中国举步维艰。

1960年，毛主席提出口号"自己动手，从头做起，准备用8年时间，拿出自己的原子弹"，决心靠自己的力量来研制原子弹。

在苏联工作的周光召得知这个消息后，与其他科研人员一起联名给国内写信，表明了决定回国从事原子能研究的坚定立场。他毅然决然地放弃了在杜布纳的优越生活，也放弃了当时为之付出了很久的科研成果。1961年，周光召登上南下的列车启程回国。回国后便开始了长达19年的"秘密工作"。

由于苏联专家的撤走，我国在第一颗原子弹的研制中没有任何资料和经验可资借鉴，即便是苏联专家撤走时留下的一些数据，可信度也不高，需要一步步重新证明。而整个研究过程又随时充满着危险，容不得丝毫马虎。在一份苏联科学家留下的记录中，上面的数据引起了科学家们的质疑。邓稼先等一批科学家夜以继日地进行了多次计算，结果与数据记录有时一样有时不一样，这让他们很苦恼。焦急不已的周光召一头扎进实验室，夜以继日地对这些数据进行复查，最后证明了邓稼先的计算结果是正确的，苏联专家的记录是错误的。

就这样，周光召和他的同事们，解决了科研中遇到的一个又一个难题，经过几年的不懈努力，终于迎来了伟大的时刻。

1964 年中国的第一颗原子弹爆炸成功，从此中国跨过了核武器的门槛，成为了军事大国。中国再也不用害怕其他国家的坚船利炮，中国第一次在世界军事舞台挺直了腰板。周光召与他的同事们的努力，让中国在原子弹研制上走上了强国之路。

周光召说过：为了做领导而搞科研的人不配做科学家，科学家就应该一心一意地为科研之路作贡献。周光召在祖国最困难的时候，毅然决然放弃了自己在苏联已经小有成果的研究，选择了回国，因为在他的心中任何科研成果和祖国的强盛比起来都不值一提，强国才是他最重要的科研之路。

屠守锷："真理"的缔造者

人物名片

屠守锷(1917—2012 年)，浙江省湖州市人。火箭总体设计专家，与任新民、黄纬禄、梁守槃一起被尊称为"航天四老"，是中国导弹与航天技术的开拓者之一，"两弹一星"元勋之一。

1932 年，15 岁的屠守锷在上海码头目睹了一场一边倒的屠杀。日本的轰炸机飞过，路上的行人如芦苇般一片片倒下。街上的建筑物也被炸得千疮百孔。幼小的屠守锷躲在一栋建筑物后面，眼神里充满了愤怒的情绪。他恨日本侵略者，但是他更恨祖国的弱小和武器的落后。和父亲死里逃生之后，屠守锷的心里种下了一颗名叫"变强"的种子。

1936 年，勤奋好学的屠守锷考上了清华大学机械系。次年，卢沟桥事变发生，拉开了全面抗战的序幕。清华大学被迫南迁，同时增设航空系。听闻消息的屠守锷毫不犹豫，转到了航空系。

从西南联大毕业后，他考取了美国留学生资格，来到了世界知名高等学府麻省理工攻读航空硕士。从这里毕业后，他又到一家飞机制造厂上班，为航空研究积累实践经验。

1945 年，日本投降的消息传来，欢呼雀跃的屠守锷用最快的速度回到了祖国。但当时的国民党正在筹备内战，根本无暇顾及航空事业。备受冷落的屠守锷只得先到西南联大教书。

1957 年，中国成立了专门的导弹研究部门——国防部五院。屠守锷收到聘书后，欣喜异常，随即走马上任。次年，屠守锷开始担任一分院第二设计部主任，领导地空导弹的仿制与研制工作。

1961 年，苏联专家全部撤走，这对中国导弹研制工作无疑是一次重大打击。但是屠守锷不信邪，他坚信"别人能搞的，我们也能搞"。于是，在他的主持下，"八年四弹"规划应运而生。他和同事们为此制定了详细的导弹发展规划。

1962 年，中国第一枚中近程导弹研制出来。但是，承载着无数人希望的导弹，在中途坠毁。对不久前还沉浸在研制导弹的喜悦中的人来说，这一次失利，着实是一次不小的打击。甚至有人产生动摇，开始怀疑能不能研制成功。

在这种氛围下，屠守锷临危受命，主持修订了相关研制计划。两年的时间里，8 次中近程导弹的试飞都取得成功。中国第一代导弹专家，也在研制过程中逐渐成长起来，为之后的远程导弹研制，积累了宝贵的经验。

1965 年，屠守锷接到中央的指示，尽快把洲际导弹研制出来。时间紧迫，屠守锷只能拼尽全力。

按照中央的计划，导弹要在 1971 年试飞，1973 年定型。6 年的时间，对于身负重任的屠守锷来说，并不算长。但是凭着一帮专家的智慧和努力，他相信没有问题，保证导弹按时研制完成。

研制洲际导弹期间，不断有政治风暴袭来。好在周总理下了死命令，对于科研专家，要求严密保护，必要时可以动用武力。在周总理的政策关怀下，搜集资料、整理数据、绘画图纸、开会讨论、方案定型，一直到导弹试飞阶段，均按计划顺利完成。

导弹初步的方案定型后，上级却突然下达了停止试飞的命令，原因是导弹上面的电子设备寿命短，继续试飞只会增加失败率。屠守锷为了导弹能够尽快试飞，找出存在的问题，向周总理保证可以试飞。他对自己把关的导弹有自信。事实也证明，他是对的。

1971 年，我国第一枚洲际导弹"东风五号"半程试验圆满完成。虽然由于"文革"的耽误，全程试验在九年后才得以继续完成，但仍然是一个里程碑式的壮举。1980 年，"东风五号"全程试验终于成功，这标志着中国成为了美苏之后第三个成功进行洲际导弹全程试验的国家。对于国家的发展，其战略意义不言而喻。

除了"东风五号"，屠守锷还担任了运载火箭"长征二号"的总设计师。他为我国的航空航天事业，做出了不可磨灭的贡献。也因此，他和任新民、黄纬禄和梁守槃被合称为中国的"航天四老"。2006 年 10 月，他又和钱学森、任新民、黄纬禄、梁守槃一起获得了"中国航天事业五十年最高荣誉奖"。

2012 年 12 月 15 日，为中国航空航天事业奋斗了大半辈子的老科学家安详地闭上了他的双眼。多位国家领导人赶来为他送行，以纪念他对祖国的贡献和成就。有一句名言说："真理只在大炮的射程内。"如果说导弹是新时代的"真理"，那毫无疑问，屠守锷就是"真理"的缔造者。

王大珩：光里的人生

人物名片

王大珩（1915—2011 年），生于日本东京，原籍江苏省吴县（今苏州市）。"两弹一星"功勋奖章获得者，中国科协副主席、中国科学院院士、中国工程院院士，国际宇航科学院院士，著名光学家，中国现代光学工程的重要学术奠基人，被誉为"中国光学之父"。

1982 年，光学专家蒋筑英去世。负责收集整理蒋筑英生平材料的人，在材料中这样写道："蒋筑英是我国著名科学家王大珩先生的研究生。"写完之后，材料被送到王大珩那里审核。等到材料返回来的时候，上面的"著名"两个字被划掉了。王大珩还在一旁批注：是不是著名，要由社会来评价。

王大珩就是这样一个专注学术、求真求是的人。

1936 年从清华大学物理系毕业后，王大珩去了英国深造。留学英国期间，他对光学玻璃科学领域的研究取得了重要成就。1948 年，他了解到中国急需光学领域的人才，于是回到了祖国。

那时的中国，在应用光学领域是一片空白。全国研究光学的科学家都可以忽略不计，连最基本的光学仪器也没有。1950 年，中科院决定成立仪器馆，王大珩被聘为筹备处副主任。3 年后，仪器馆在长春成立。可喜的是，成立第一年，仪器馆就熔炼出了光学玻璃，这是中国第一个自己研制的光学玻璃。

为中国光学仪器制造打下良好的基础之后，仪器馆更名为光学精密机械仪器研究所。1958 年，正值"大跃进"时期，在王大珩的领导下，研究所成功研制了"八大件"，因而闻名全国。"八大件"包括晶体谱仪、大型摄谱仪、电子显微镜、万能工具显微镜等高级精密光学仪器，是王大珩心血和智慧的结晶。《人民日报》对此发表评论称："表明我国在光学精密机械仪器研究方面已经进入国际先进行列。"3 年后，中国第一台激光器也在这里诞生，王大珩的名字，渐渐被人们所熟知。

60 年代以后，由于国内国际环境的变化，研究所的研究方向变成了以国防光学技术为主。1964 年的原子弹成功研制，王大珩和他的团队就做出了重要贡献。

原子弹的研究涉及多个领域，光学也是不可或缺的一部分。为了记录核爆火球，以推测原子弹的威力，高速摄像机是必备的仪器。但是当时，中国还没有自己的高速摄像机。这项重任被王大珩揽了下来。

面对国家迫切的需求，王大珩决定以进口高速摄像机为基础进行改装，以此缩短研制周期。项目组调来了十台德国进口的高速摄像机之后，按照王大珩的方案进行改装。改装之后的高速摄像机，增加了四倍视场面积，符合了原子弹研制的要求。

"两弹一星"的成功研制其实都与王大珩的团队有着密切的联系。

1965 年，国家计划开展洲际导弹和人造卫星技术，但是这需要一个大型的光学观测系统支持。王大珩担任这个项目的总设计师，主持设计研发了中国第一台大型精密光学跟踪电影经纬仪，用来记录导弹的飞行轨迹。

1970 年，王大珩参与研制返回式遥感卫星的摄影系统。在王大珩的努力下，星空相机被成功研制出来，使得人们可以通过卫星相机看到太空中拍摄的图像。

80 年代，国际形势迅速变化，美国启动了"星球大战"计划，西欧各国共同签署了"尤里卡"计划，苏联、日本等国家也相继启动国家科技发展战略。一场没有硝烟的科技之战，在世界各国之间悄然打响。

王大珩等科学家清醒地意识到，如果跟不上时代发展潮流，那么中国必然落后挨打。1986 年 3 月 3 日，王大珩与陈芳允、杨嘉墀、王淦昌四人联名给国家领导人上书，写下了题为《关于跟踪研究外国战略性高技术发展的建议》的一封信。两天之后，邓小平马上做出批示，并召集一批科学家开会商讨，制订研究计划。

不久，在这一批科学家的努力下，《国家高技术研究发展计划纲要》出炉。这便是举世瞩目的"863"计划。它适应了新时代国家竞争的需求，提高了中国的自主创新能力。从此，中国开启了"科技强国"的坚定路线。

2011 年，王大珩在北京逝世，享年 96 岁。这位中国光学的奠基人，带着国家和人民对他的无限怀念，带着"两弹一星"功勋的荣誉奖章，带着对祖国深深的热爱，永远地离开了。

黄纬禄：乘巨浪，破长空

人物名片

黄纬禄(1916—2011 年)，安徽芜湖市人，中国科学院院士，中国著名火箭与导弹控制技术专家和航天事业的奠基人之一，"两弹一星"元勋之一。

满天的竹蜻蜓在空中飞舞着，旋转着，在广袤蔚蓝的天空显得异常夺目。一群小伙伴正在嬉戏着，用竹蜻蜓作为"武器"，向对方的阵营投过去。这时，一个小孩突发奇想：如果在竹蜻蜓下面安个炸弹，那它的威力不就更大吗？

这个小孩名叫黄纬禄，日后成为了导弹专家的他，一生都与导弹有着不解之缘。在英国留学期间，他所在的地区遭受了德国导弹的轰炸。那震撼的场景让黄纬禄记忆犹新。后来，在伦敦博物馆，黄纬禄还有幸亲眼看见了一枚 V-2 导弹。黄纬禄当时就想，如果中国也能制造出这样的导弹，还会受帝国主义欺凌吗？

带着这个劲头，黄纬禄开始刻苦学习导弹技术。1947 年从伦敦大学获得无线电硕士学位之后，黄纬禄怀揣着"科学救国"的梦想，回到了祖国。1957 年，中国专门的导弹研制部门国防部五院成立，黄纬禄随即加入其中。

虽然有了专门的部门，但是中国的导弹研制才刚刚起步。最初，黄纬禄和同事们尽心尽力，每天学习模仿苏联专家的技术。后来，苏联专家撤走，中国的导弹科研工作陷入前所未有的困境之中。黄纬禄又想到了在英

222

国看见那枚导弹的情景，他暗下决心，一定要研制出自己的导弹来，让中国挺直腰板说话。

作为导弹控制系统的负责人，黄纬禄每天起早贪黑，从基础开始学习导弹研制技术。经过他和同事们的不懈努力，他们连续攻克了导弹研制的数个难关。在我国各项导弹技术领域都处于空白的情况下，他们的成就简直是一个奇迹。

付出终于有了收获。1960 年 11 月，我国自主研发的第一枚导弹"东风一号"成功发射。这是黄纬禄给国家交的第一份答卷。

但是，他们很快就意识到，只有导弹远远不够。而且，液体导弹需要的准备时间长，机动性和隐蔽性都不够好，缺乏二次核打击能力。对于超级大国发展迅猛的核武器能力，中国在核能研究上还有很长的路要走。

为了反制超级大国的核武器，在黄纬禄的主持下，中国开始研发固体战略导弹。作为总设计师，在导弹研制期间，黄纬禄带领团队走遍了大江南北，创造性地提出了"台、筒、艇"三步走的发射试验程序，为项目节约了大量时间和经费。

对于只有液体导弹研制经验的黄纬禄来说，固体导弹又是一个全新的领域。而且，尽管是以国家名义开展工作，但是黄纬禄得不到任何技术上的支持。因为国内完全没有这样的经验。

从 1970 年接到任务开始，十几年间，黄纬禄始终全身心地投入到导弹研制工作中。他和他的团队发扬艰苦奋斗精神，不畏艰险，攻克了一个又一个难关。陆上机动车的研制发射技术，突破！水下发射技术，突破！固体发动机研制技术，突破……随着一个接一个的好消息传来，黄纬禄终于掌握了固体导弹与火箭研制的关键技术。

1982 年 10 月 12 日，黄纬禄在控制室里，紧紧盯着屏幕上的海面。"十，九，八……三……二……一，点火，发射!"随着这一声命令，渤海海面上升起了一条喷火的蛟龙，咆哮着飞向了天际。"巨浪一号"成功发射，作为总设计师的黄纬禄，比谁都激动。

在实验研究的过程中，黄纬禄还注重理论的总结。在导弹的研制过程中，黄纬禄提出了"四共同"的原则。如今，"有问题共同商量、有困难共同克服、有余量共同掌握、有风险共同承担"，成为航空航天领域协同攻关的金科玉律。

2011 年，作为中国航天事业奠基人的黄纬禄，走到了他生命的尽头。在他生命的最后时刻，他心心念念的，还是陪伴他一生的导弹："如果有来生，我还要搞导弹……"

罗阳：才见霓虹君已去

人物名片

罗阳(1961—2012 年)，辽宁沈阳人。曾任沈阳飞机工业集团董事长，享受政府特殊津贴。歼-15 舰载机工程总指挥。2012 年，获得感动中国年度人物。

2012 年 12 月 25 日，蓝天碧海里的"辽宁舰"发出了持续的鸣笛声。响声过后，海面上掀起波浪，"辽宁舰"呼啸着从岸边远去。随着这波涛一起远去的，还有一位辽宁舰舰载机的负责人罗阳。航母初成，斯人已远。

1982 年，从北京航空航天大学毕业的罗阳，被分配到了沈阳飞机设计研究所。这个研究所被称为中国"战斗机研究基地"。在这里，罗阳留下了一本珍贵的笔记本。

当年，手动计算的模式已经相当成熟。而罗阳坚持认为，使用计算机运算才是今后的主流，于是他率先开始使用计算机计算座舱盖温度等数据。他计算的过程，都记录在了这个小小的笔记本上。

1990 年代以后，国际形势的变化，对中国的国防力量提出了更高的要求。2002 年，罗阳调离研究所，任沈阳飞机工业集团董事长。自罗阳接手集团以来，集团的新型飞机任务不断增加，但他抗住了压力，并攻克了一个个难关，出色地完成了各项任务。在这段时间，我国多个新型号飞机的成功首飞，背后都有罗阳的影子。

国家准备建立自己的航空母舰之后，航空母舰舰载机的研究重任就落到了罗阳的肩头上。由于航空母舰大国都实行了技术封锁，因此我国在这一领域没有任何经验可言。罗阳和一众技术人员只能凭着经验摸索。

在研制航空母舰过程中，罗阳每件事都亲力亲为。从观察到整理数据再到资料分析，他都会与科研人员一同进行。虽然是歼-15 的总负责人，但是他在舰上表现出来的样子，跟一个普通科研人员没有什么两样。实际上，他也从来没有要求过什么特殊待遇，一直任劳任怨。为了舰载机的研制，其他的什么都顾不上。

2012 年 1 月，罗阳从珠海参加完航展回来，他如一个客人一般，在家里坐了一会便匆匆离开。面对年迈的母亲和一直盼望丈夫归来的妻子，他只能选择暂时放下。随即，他匆匆赶到了舰载机训练基地，投入到了紧张的工作中。

回到基地的时候已经是半夜，罗阳坚持听完了技术人员的汇报，又亲临现场，对参加训练的飞机作了一次检查。次日，他乘直升飞机登上了辽宁舰。

拥有一艘自己的航母，是中国百年来的夙愿。国家领导人、国防部、海军官兵还有全国的老百姓，都盯着辽宁舰的进展。而作为航空母舰战斗力保证的舰载机，歼-15 的研制更是拨弄着人们的心弦。站在甲板上的罗阳看了看蔚蓝色的海洋，又看了看大陆的方向。他知道，自己身上的担子有多重。

舰载机和陆地上的战斗机完全不同，罗阳和他的团队面临的，几乎都是前所未有的困难。舰载机要在航空母舰上降落，那么就要克服跑道短、场地小和舰体晃的问题。这也正是它和陆基飞机的不同之处。相应的，这就要求飞机的结构、材料和动力装置必须能够适应这种环境。对此，西方的媒体甚至预测，中国就算有了航母，等到装上舰载机，至少也要八到十年的时间。

为了适应航空母舰的需求，罗阳组织团队对机翼的折叠技术开始进行攻关。这个项目要求舰载机的机翼能够在折叠之后，对飞机内部的燃油和操控系统都不造成影响。这样的高要求使得一些人望而却步，罗阳却毫不气馁，他告诉研发小组的人员，用新的技术和新的材料，就能解决很多问题。

有一次，阻拦钩的技术问题难倒了众人，新型材料制成的阻拦钩经常发生侧弯，经过热处理之后又容易变形，许多技术人员都对它束手无策。罗阳听说此事后，来到车间鼓励大家，和大伙一起讨论。在他的带领下，大家把方案重做了一遍又一遍，最后终于攻克了这一难题。

罗阳在舰上巡视的时候，手里经常拿着两个本子，上面写满了密密麻麻的字，一个是攻坚项目的进度表，一个是一些工作数据和解决问题的思路。大伙笑称，一个是"催账单"，一个是"锦囊妙计"。

11 月 24 日，歼-15 舰载机试飞成功。罗阳看着那冲出海面、气势如虹的战斗机，露出了欣慰的笑容。第二天，舰载机圆满完成试飞任务，回到辽宁舰上。罗阳终于可以暂时松一口，回去休息休息了。

谁能想到，这一闭眼，竟是长眠。突发的心肌梗死夺走了罗阳的生命。他完成了自己的任务，匆匆离开，甚至来不及向家人说一声再见，来不及向凝聚着他心血的舰载机说一声再见，向为之付出毕生精力、付出生命的祖国说一声再见。才见霓虹君已去，不知梦里的他，是否还能听到海面上空战斗机的呼啸。

杨利伟：中国"飞天"第一人

人物名片

杨利伟(1965—　　)，辽宁省葫芦岛市绥中县人。他是中国培养的第一代航天员，是中国进入太空的第一人。荣获联合国教科文组织"空间科学奖章"。

在茫茫的太空中，有一颗蔚蓝的星球缓缓转动着。一艘飞船从蓝色星球的大气层冲了出来，它冲入宇宙的真空中，如一粒尘埃一般，显得极不显眼。它绕着地球，一圈，两圈，三圈……到了第七圈的时候，从飞船的舷窗中，隐约可以看见两面旗帜，一面是联合国旗，一面是鲜红的中华人民共和国国旗。

在太空中举起这两面旗帜的，是航天英雄杨利伟。他是中国第一个完成太空飞行的人，他是中国太空事业的里程碑。

我们可能在儿时都想过，如果能够自由自在地在空中飞翔，那该有多好。在太空中遨游，想起来是件很美妙的事情。但是真正经历过的人，才知道那是一个怎样痛苦而艰难的过程。

1996 年，杨利伟接到通知，参加了航天员的第一次选拔体检。航天员的选拔条件非常苛刻，除了基本的身体检查以外，还要检查他们的超重耐力、耐低氧潜质以及各种压力测试。800 多人入围，最后只有杨利伟和其他 13 名飞行员通过了体检。

2003 年 7 月，杨利伟被评定为具备独立执行航天飞行的潜质，被授予"三级航天员"的资格。神舟五号准备飞行的时候，他被确定为"3 人首飞梯队"的首席人选。从此，他全身心投入到训练中，只为了用最完美的表现去迎接即将到来的太空之旅。

训练开始之后，飞船模拟器几乎成为了杨利伟的第二个家。在这个真实模拟飞船环境的仪器中，杨利伟要熟悉飞船的各种操作。点火发射只是一瞬间的事情，但是宇航员的操作过程，是一个复杂而精密的过程。从飞船发射升空，一直到返回地球，有上千条飞行指令需要宇航员完成。为此，杨利伟必须对仪表盘上各式各样的指示灯和线路无比熟悉。哪一个环节出了差错，其后果都是不可想象的。

记住这些电门和设备没别的诀窍，只能全部背下来。杨利伟找人将飞船舱内的设备用图纸画了下来，贴在宿舍的门上，一有时间就去背。但是图纸只能帮助他记忆名称和功能，对于整个的控制系统，他还必须有一个具体的概念。于是，他用一个小型摄像机将舱内的设备全部拍下来，录制成光盘，反复地看，直到完全熟悉为止。

后来记者采访他的时候，他对自己的训练成果很有信心。他说："现在我一闭上眼睛，座舱里所有仪表、电门的位置都能想得清清楚楚。"这当然不是信口胡说。在之后的 5 次正常程序考试中，他几乎每次都是满分通过，毫无争议地排名第一。

2003 年 10 月 15 日，身穿白色航天服的杨利伟健步走进了神舟五号飞船。这是中国载人航天的第一次尝试，也是一次伟大的历程。

经过各项检查之后，指挥厅里所有的人都屏息凝气，等待着那一声命令。倒计时的最后十秒开始，"十，九，八，七，六，五，四，三，二，一，点火，发射!"，随着一声令下，所有人的目光都跟着冲天而起的神舟五号飞船，奔向到遥远的天际。

而身在飞船内的杨利伟，虽然有过严格的训练，但真正到了实际飞行的时候，还是与他平时的训练有所不同。据杨利伟后来回忆，火箭抛掉逃逸塔后，发动机与箭体产生了强烈的共振。这种共振使得杨利伟全身都承受于压力之下，甚至产生了"死亡的感觉"，还有失重的感觉也让杨利伟极度不适应。但是，他最终挺了过来。

回到地球之后，杨利伟第一件事情便是给自己的教员打电话，告诉他，自己的 180 个操作，没有出现一次失误。

这是杨利伟最完美的一次考试，也是中国太空事业一次完美的飞行。这意味着，中国成为了继苏联和美国之后，第三个掌握载人航天技术的国家，这无疑是一个里程碑。而作为里程碑铸造者的杨利伟，也在中国漫长的太空探索史上，写下了一页属于他的故事。

王选："电与光"时代的创造者

人物名片

王选（1937—2006 年），汉字激光照排系统的创始人，他所领导的科研团队研制出的汉字激光照排系统为新闻、出版全过程的计算机化奠定了基础，被誉为"汉字印刷术的第二次发明"，使我国的印刷术从传统的"铅与火"时代迈入了"电与光"时代。

上海衡山路 964 弄 15 号，有一座昏暗狭窄的石库门，石库门里面有一栋陈旧的二层小洋楼。1937 年 2 月，王选就在这座小洋楼里出生，父母都是知识分子。

1958 年王选从北京大学毕业时，受母校北京大学邀请留校任教，并主持电子管计算机逻辑设计和整机的调试工作。

那时，我国的印刷行业还是活字印刷阶段，而日本和西方发达国家早就放弃了传统的活字印刷技术，它们运用的都是最新的"电子照排"技术。而当时的中国还面临着"汉字怎样输入、输出计算机"这一巨大的技术难题。于是，新华社向国务院提出一份报告，建议将"汉字信息处理系统工程"作为国家的重点科研项目来进行发展。时任国务院总理周恩来在听取了 5 个部门的联合报告后，批准了这一报告，并将这一工程命名为"748"工程。汉字信息处理系统工程有"汉字通信"、"汉字情报检索"和"汉字精密照排"3 个子项目。

而这其中汉字精密照排是世界性的难题，要把全部的汉字输入到计算机，这将是高达上千亿的字节。在当时中外所有的计算机技术水平下，根本无法办到。

经过日夜观察分析，王选发现汉字的基本笔画很有规律。比如，汉字基本笔画中的横、竖、折，都是由基本直线式的起笔、收笔、转折 3 个笔锋组成。而撇、捺、点等其他基本笔画，虽然看起来不规则，但也有一定的曲线变化规律。按照这个思路，就可以设计出一套汉字字形信息压缩系统。

王选由此开始了对汉字字形的研究，他一连数月在桌子上用各种仪器和猜想来观察汉字的字形，进行反复的比较和计算。为了解决汉字庞大的信息量难题，王选不辞劳苦地画逻辑图、布板、调试机器。终于，王选通过计算汉字不同笔画的变化，将其分类，发现了汉字造型的奥秘，并将庞大的汉字字形的信息量压缩了五百分之一！

除此之外，王选还发明了一种能使汉字变倍的技术，这种方法使得汉字的字形可以神奇地发生胖瘦、高矮、大小的变化。王选利用数学原理将汉字的信息量缩减了五百分之一后，科研人员则试着把这些汉字运用计算机录入。1975 年 9 月，王选终于通过计算机软件模拟出"人"字的第一撇。虽然"人"字的第一笔——"撇"，是这么简单，但中国人用计算机打出这一笔，却用了数十年。中国汉字印刷术的第二次革命已经悄然起步！

但是，汉字精密照排系统是一项非常庞大而又复杂的高科技系统工程，除了汉字字模的存储问题外，还有大大小小不计其数的科技难题。王选的第二个目标就是如何解决高精度的输出装置问题。

成功的背后是艰辛的付出，从 1975 年到 1993 年的这 18 年里，王选和妻子陈堃銶没有休过一个完整的节假日。他们日复一日地工作着，晚上加班更是家常便饭。有一年的除夕夜，王选夫妇回家后发现，冰箱里只剩下一块豆腐，就这样，夫妻二人用一块豆腐过了除夕夜。

辛苦的努力终于获得回报。1980 年的夏天，计算机——激光汉字编辑排版系统所需软件的核心部分全部通过了调试。然后，研究室又利用激光汉字编辑排版系统成功地排出了一本 26 页的样书——《伍豪之剑》。《伍豪之剑》的印刷成功具有划时代意义，这本字形优美、封面典雅的书籍，是中国人用自己的激光照排系统排出的第一本图书!《伍豪之剑》从文章的输入，到编辑排版，再到校对修改、加添页码程序，都是通过计算机完成的，没有动用一个铅字，也没有传统出版的任何程序。这才是中国印刷术从"铅与火"迈入到"电与光"时代的真正标志。

2006年2月13日上午11时3分，王选不幸因病去世。2008年，国际小行星中心将国际编号为4913号的小行星命名为"王选星"。"王选星"的命名，既是国际社会对王选所获成就的充分肯定，是人们对王选的最好缅怀和纪念，也是对我国出版界和科技界的极大鼓舞。

焦裕禄：县委书记的榜样

焦裕禄（1922—1964年），生于山东省博山县，原兰考县委书记。他带领群众治理兰考县的内涝、盐碱、风沙，取得了显著成效；组织大规模栽种泡桐树，现已成为河南省特色产业。他在兰考任职期间所表现出来的"亲民爱民、艰苦奋斗、科学求实、迎难而上、无私奉献"的精神，被后人称之为"焦裕禄精神"。

魂飞万里，盼归来，此山此水此地，百姓谁不爱好官？把泪焦桐成雨。生也沙丘，死也沙丘，父老生死系。暮雪朝霜，毋改英雄意气！

依然月明如昔，思君夜夜，肝胆长如洗。路漫漫其修远矣，两袖清风来去。为官一方，造福一方，遂了平生意。绿我涓滴，会它千顷澄碧。

——习近平《念奴娇·追思焦裕禄》

1964年春，在河南省某医院，一间洁白的病房里，黑压压地站满了前来探病的人。他们手捧着鲜花，带着慰问品，有人神色凝重，有人低声啜泣，有人故作轻松地安慰病床上那位面容枯槁的肝癌患者。但病人的脸上却是一副释然的神情，仿佛丝毫不惧死神的降临。只是他的眉头有一抹隐隐的忧虑，似乎还有心愿尚未达成。

这群来探病的人是河南省、地、县的各级领导，躺在病床上的癌症病人是兰考县委书记焦裕禄。此时的焦裕禄已经病危，在弥留之际，他充满歉意地、断断续续地对领导们说："我……没有完成……党交给我的任务……没有实现兰考人民的要求……心里感到很难过……我死了不要多花钱……省下钱来支援灾区建设……"

焦裕禄是怎样的一位领导呢？他尽全力带领当地百姓除"三害"，推广种植泡桐树致富，并取得了卓著成效。他把自己的一生都奉献给了兰考，却仍觉得自己为百姓做得不够多，不够好。尽管身患肝癌，他不甘心的却是没有把兰考的环境完全治理好，他很遗憾没有看到每一户兰考人家都过上富裕的生活。

他接着对领导们说："我只有一个要求……请组织上把我运回兰考……埋在沙丘上……活着我没有治好沙丘……死了也要看着兰考人民把沙丘治好。"

黄沙有幸埋忠骨，绿树印照赤诚心。他的墓碑立在沙丘边上，整个兰考县一览无余，就像焦裕禄还站在这里，注视着兰考县一步一步的发展。

1962 年冬，兰考县某接待处。

这一天，焦裕禄被调到兰考任县委书记，这是他第一次踏上兰考的土地。北风呼啸，寒风刺骨，他放下身上的行囊，就一家一户走访兰考百姓。当看到他们大都家徒四壁，愁容满面，焦裕禄心里一紧，为之心酸。原来今年秋天兰考遭遇了严重的灾荒，全县的粮食产量低于全国平均水平。没有粮，也就没有钱，百姓们食不果腹，饥寒交迫。

经过多方考察，焦裕禄发现兰考县当地的自然环境极其恶劣，深受"盐碱"、"旱涝"和"风沙"三种自然灾害摧残。要解决百姓们的吃饭问题，带领他们脱贫致富，必须先解决这"三害"。

焦裕禄坚持群众路线，带领所有干部和百姓们一起商讨大计，他们重复考察，综合讨论，然后付诸行动，逐个击破。如何解决风沙问题？植树造林是根本。焦裕禄发现当地长了许多泡桐树，泡桐树生长周期短，成活率高，只需要四五年就能长成大树，非常利于防风固沙。于是他因地制宜，大规模推广种植泡桐树。他还提倡在树林中间种植农作物，以农养林，以林促农，农林间作，保证了百姓们的粮食丰收。现在泡桐树已成为河南省的一项特色产业，是河南经济的重要组成部分，给当地带来重大的经济效益和环境效益。

兰考县河流交错纵横，河道弯曲，河系紊乱。当雨季来临，连下几天暴雨就会引发洪水，淹没良田和房屋。而在旱季，长达几个月的干旱又会造成农作物颗粒无收。解决旱涝灾害是除"三害"的重中之重。焦裕禄主张以排水为主，疏通河道，改变河系，让河水绕道不影响田地和房屋，并且提出在春秋观察、夏冬治理的方法并付诸实践。关于土地盐碱化的问题，他要求根据盐碱化程度区别对待，对于盐碱化程度低的地方，着重处理，翻淤压碱，开沟淋碱，打埂躲碱，然后引田试种，引进耐碱作物等。

这一系列举措有效遏制了"三害"，兰考县的自然环境有了很大改善。百姓们不必再担心饥荒，渐渐都过上了好日子，焦裕禄却倒在了工作岗位上。焦裕禄全心全意为人民服务的精神，和勤勤恳恳为人民谋事的态度，感染了一位又一位的领导干部，感动了亿万中国人民的心。

在焦裕禄因患肝癌倒下后，毛主席为他题词：

"为人民而死，虽死犹生！"

孔繁森：一腔热血洒高原

人物名片

　　孔繁森（1944—1994 年），山东聊城人。两次前往西藏工作，为西藏的建设做出了突出贡献，最后以身殉职。是领导干部的楷模，新时代的焦裕禄。

　　历史冲淡了记忆，但有一种精神绝不会模糊。时间将沧海变成桑田，但有一种情怀，能够超越时空。像孔繁森这样的人，在岁月的长河中，永远散发着耀眼的光芒，永远会被人们铭记。

　　1979 年，孔繁森响应国家号召，自愿报名前往西藏地区工作。他的家里，还有 80 多岁的老母亲和几个年幼的孩子要照顾。但是，他一头扎进援藏事业中，顾不得其他。

　　他在担任日喀则地区岗巴县委副书记期间，几乎跑遍了所有的乡村和牧区，深入基层岗位踏实工作，默默奉献。

　　"冰山愈冷情愈热，耿耿忠心照雪山。"西藏地区的环境很恶劣，尤其是对于外来的干部来说，工作和生活条件都不比平原地区，孔繁森却从来不曾抱怨过。

　　每到一个地区，访问贫困家庭时，他都会跟牧民们一起割草、挖泥塘。由于经常下乡，经常跟他们一起干活，孔繁森跟藏民们的关系极好。一次，孔繁森骑马的时候摔下马背，是几个藏民抬着他走了几十里山路，把他送到医院抢救。

　　在西藏工作的三年，使他对这里产生了深厚的感情。回到山东后，他

237

依然记挂这里的人们。1988 年，因为孔繁森有过进藏的经验，所以组织准备再次派他带队进藏，孔繁森点点头就答应了。但是他没有说的是，家里年近九旬的老母亲和动了大手术的妻子都需要他照看。

临行前，孔繁森自觉有愧，带着妻子和孩子去北京玩了几天。他们开心地游玩了长城和故宫以及天安门，回去的路上，妻子终于提出了疑问。工作为重的孔繁森从来没有提出过要陪妻儿游玩，这次主动提出来，肯定有原因。面对妻子的疑惑，孔繁森只能告诉妻子，自己将要再次进藏。妻子心里很不是滋味，但是没有表现出来，只是让他放心前去，家里她会照顾好的。孔繁森自然知道妻子的想法，但是为了祖国，为了人民，他将这份对家庭的爱深埋在了心里。

再次来到西藏的孔繁森，担任拉萨市副市长，分管文教、卫生和民政工作。为了促进当地教育事业的发展，他用四个月的时间几乎跑遍了全市的学校。一些乡办、村办小学路途遥远，他也奋力前往。在他和全市教育工作者的努力下，拉萨的适龄儿童入学率从 45% 提升到了 90%。

1992 年，拉萨发生地震。孔繁森收留了三个在地震中失去父母的孤儿，像亲生父亲一样对待他们。但是孔繁森的工资本来就不多，还有一部分被他用来资助穷人了，哪有多的钱供养三个孩子。无奈之下，孔繁森只能去血站献血，用换回的营养费维持孩子们的生活。

任期满了之后，孔繁森又强烈要求继续留在西藏工作，于是组织将他调到阿里任地委书记。阿里地区偏远，海拔又高，自然条件极其恶劣，经济发展也比较滞后。孔繁森到任的时候，又遇到一批工作人员集体辞职，这对阿里来说无疑是雪上加霜。

孔繁森想，他们辞职只是因为对阿里失去了信心，如果阿里经济得到振兴，他们自然不会集体辞职了。于是，孔繁森召开会议，集中调研，寻找阿里的发展优势。为了摸清楚阿里的基本状况，孔繁森把阿里的 106 个乡几乎跑了个遍。经过深入研究，孔繁森把阿里的优势归纳为畜产品优势、矿产品优势、旅游优势、边贸优势、政策优势、人口少共六大优势。接着，他制定了相应的经济发展规划，带领阿里地区脱贫致富。到 1994

年，阿里的国民生产总值比上年增长了 37.5%。

孔繁森对阿里地区的居民也非常关心。1994 年的一场暴风雪，给全区带来了严重的损失。大片牧草被冰雪覆盖，冻死的牛羊不计其数。孔繁森了解灾情之后，亲自带队，一家一家发放救济款。

同年，他为了制订新的经济发展计划，准备在边贸和开发旅游资源上下工夫。为此，他带了一个小队去新疆进行边贸考察。返回阿里的时候，孔繁森不幸遭遇车祸，以身殉职。

他去世后，时任国家主席江泽民题字"向孔繁森同志学习"，号召大家学习孔繁森舍己为人、无私奉献的精神。歌颂他先进事迹的《孔繁森》一文也进入了小学课本。他的精神，将在时代的洪流中，一直传承下去。

雷锋：做好事，不留名

人物名片

　　雷锋(1940—1962 年)，原名雷正兴，生于湖南长沙，是一名优秀的共产党员。曾发表《雷锋日记》等多部作品，因他具有乐于助人、无私奉献等精神，后人以他的名字命名为"雷锋精神"。1962 年8 月15 日，雷锋不幸因公殉职，年仅 22 岁。"雷锋精神"则随着实践不断丰富和发展。

　　三月的鲜花芬芳了你的名字，

　　三月的小雨打湿了那首歌。

　　和一九六三年并肩走来的不只是您的名字。

　　站在一九六三的起跑线上我开始凝视。

　　……

——《怀念雷锋》

　　1963 年 3 月 5 日，毛主席为雷锋亲笔题词："向雷锋同志学习！"

　　自那以后，每年的 3 月 5 日被定为"学雷锋日"，全社会掀起向雷锋同志学习的高潮，他从此走进了千万人的家，为人们所熟知。一本《雷锋日记》，翻开泛黄的书页，他曾生活过的片段就清晰地展现在我们眼前；他每一句哲理性的话语也萦绕在我们耳边。雷锋也是一名青春永驻的青年，他拥有阳光帅气的面庞和热情似火的心，他孜孜不倦地吸收知识，毫无保留地帮助别人。雷锋穿越了时代的洪流，从上个世纪走到下一个世纪，并且将永远走下去，成为永恒。

有人说："雷锋出差一千里，好事做了一火车。"

当雷锋出差，在沈阳火车站换乘的时候，偶尔会遇到不小心丢了钱或是车票的人。看见他们惊慌失措、焦急万分的样子，雷锋总会主动伸出援手，用自己仅剩的钱帮他们再买一张，如果他们恰好是同路，雷锋干脆把自己的那一张火车票直接给了更加需要它的人。把人民的需求看得高过自己的需求，这是每一个共产党人奉行的理念，而雷锋将它完全落到了实处。当接过他火车票的人，万分感激地问他的名字，问他是哪里人？他只说："我叫解放军，家住在中国。"

在深秋的某一天，天下着冷冰冰的雨，寒风凛冽。雷锋在去沈阳火车站的路上看见一位妇女，她背上背着一个小婴儿，手里还牵着一个小女孩，正艰难地向车站走去。雷锋看见后，就走过去问要不要帮忙。妇女忙摆头说不用，但是雷锋已经脱下了身上的雨衣，披在那妇女的身上。然后，雷锋抱起小女孩，陪她们一起走到了车站。上车后，雷锋见小女孩冻得瑟瑟发抖，原来小女孩身上的衣服很单薄，又被雨水淋湿，自然扛不住。于是雷锋把自己的贴身衬衣脱下来替她穿上，又拿出自己带的馒头分给她们娘俩吃，让她们取暖。等火车到了目的地，天还在下雨，雷锋又绕了远路，专门把她们护送到了家里，然后自己才离开。

雷锋对待陌生人尚且如此，对待战友更如亲人一般。雷锋经常把自己的藏书拿出来和战友分享，手把手地教文化程度低的战友写字，替他们写家书。雷锋还为他们缝补衣物，常常熬到深夜也不睡。当战友们拿到一件件缝补如新的衣服，常常惊讶得说不出话，殊不知这是雷锋彻夜赶工的结果。

雷锋酷爱学习，由于施工任务重，常开着车跑来跑去，很难抽出时间来学习，雷锋就把书装在挎包里，只要一有空就拿出来看。对他而言，时间就像海绵里的水，挤一挤总还是有的，他总是利用碎片化的点滴时间学习。雷锋曾将学习的过程比做钉钉子，他说钉子有两个长处，一个是挤劲，一个是钻劲，我们在学习上要提倡这种精神。这就是著名的"钉子精神"，只要敢挤敢钻，哪会没有时间去完成我们的目标呢？雷锋用他的实际行动告诉了我们这个道理。

"我是社会主义一块砖，哪里需要往哪搬。"雷锋正是践行着这种精神，为全国人民树立了一个良好的榜样。每年三月，雷锋都会如约走进千家万户，牵动着亿万人的思绪，鼓励着人们像他一样，像他一样地充盈自己，像他一样地去帮助他人。

王进喜：油田"铁人"

王进喜(1923—1970年)，生于甘肃玉门(祖籍陕西大荔)，是一名中国石油工人。幼年家庭贫困，食不果腹。青年时期成为一名钻井工人，他因用自己身体制伏井喷而家喻户晓，成为铁人精神的代表人物，曾接受毛主席和周总理的亲切接待。1970年11月15日，王进喜因胃病医治无效不幸病逝，享年47岁。

在20世纪50年代末，欲改变中国贫穷落后的面貌，推进中国的现代化进程，石油无疑是最重要的自然资源之一。有这样一群人，他们放弃了舒适的家庭环境，从四面八方赶到荒无人烟的沙漠和盐碱地。他们忍受着狂风肆虐、黄沙漫天的环境，过着风餐露宿、饥寒交迫的日子，为了让中国屹立在世界脊梁，他们横下一条心替国家找油。王进喜就是这群石油工人中一位杰出的代表，在他的名字之前加上"铁人"二字，正印证出他吃苦耐劳的精神。他是全中国人学习的榜样，亦是时代的楷模。

然而在战火纷飞、支离破碎的旧中国，王进喜尝尽了人间苦难。

王进喜生于甘肃玉门的一个小村庄里。1929年，玉门遭受了百年不遇的灾荒。为了生存，6岁的小进喜不得不跟着父亲沿街乞讨。因为双目失明，父亲遭受了很多欺凌。

1938年王进喜进了旧玉门油矿当童工。虽然他的年龄最小，干的重活却一点也不比大人少。即便如此，他还是经常挨工头的打骂。偶尔他进行反抗，得到的是更重的打骂。艰难的生活让他提早适应了残酷的社会，也让他养成了顽强不屈、坚韧不拔的性格。

1949 年 9 月 25 日，玉门解放，王进喜的人生终于迎来重要转折。

次年春，王进喜通过考试成为新中国第一代钻井工人。通过六年的辛勤工作，王进喜光荣地加入了中国共产党，这是他人生旅途的一个里程碑。入党不久，他担任了贝乌 5 队队长。担任队长期间，他带领自己的队伍，创造了 5009.3 米的全国钻井最高纪录。为此，王进喜还得到了一面"钻井卫星"的红旗，他的队伍被命名为"钢铁钻井队"。

1960 年 2 月，东北松辽石油大会战打响。王进喜带领钻井队一下火车，就问钻井设备到了没有和油田的方位在哪里。因为设备不够先进，王进喜带领工人们用撬杠撬、滚杠滚、大绳拉的"笨办法"把钻机卸下来，拉到远处的井场。4 天之后，40 米高的井架在茫茫荒原上拔地而起。井架立起来后，却没有能用的水来打井，王进喜就地组织工人破冰取水，靠人力端了 50 多吨水，保证了按时开钻。

4 月 29 日，钻井队准备往第二口井搬家时，王进喜的右腿不幸被铁器砸伤，然而他坚持在井场工作，不肯休息。不料，由于地层压力太大，王进喜的队伍打井打到 700 米时，发生了井喷。

现场的人都被惊呆了，大家都愣在那里，不知如何是好。率先反应过来的王进喜拨开人群，扔掉了拐杖，毫不犹豫跳进了泥浆池。泥浆池中的王进喜奋力挣扎，不断用身体搅拌泥浆。在他的努力下，井喷终于被制服。

由于王进喜整天领着工人日夜加班，很多时候连饭都顾不上吃，他们住处的房东赵大娘看到后发感慨："你们的王队长可真是个铁人呐！"后来，在第一次油田技术座谈会上，领导号召 4 万会战职工"学铁人、做铁人，为会战立功，高速度、高水平地拿下大油田！"

在"铁人"精神的激励下，大伙斗志昂扬，艰苦奋斗，将石油工作视为己任。王进喜是第一个"铁人"，但不是最后一个。正是有了千千万万个这样的铁人，中国才能用最快的速度开发出大庆油田。

1972 年 1 月 27 日，《人民日报》发出长篇通讯稿《中国工人阶级的先锋战士——铁人王进喜》，对王进喜的事迹进行宣传。毛主席更是亲自接见了这位为社会主义事业牺牲小我成就大我的模范工人。后来，大庆铁人王进喜纪念馆开建，这是中国第一个工人纪念馆，新馆开馆时，时任国务院总理温家宝亲笔题写了馆名。铁人将会被铭记，铁人精神也将被时代弘扬，散发出新的能量。

时传祥：宁肯一人脏，换来万户净

人物名片

时传祥（1915—1975 年），掏粪工人，全国著名劳动模范。他的毫不利己、专门利人的崇高精神，曾受到了党和人民的高度赞扬，还受到了国家领导人的接见。

北京龙潭公园中，有一尊特殊的雕像。雕像手里拿着一把锹，背上背着一个桶。他不是伟人，也不是英雄，只是一个普通岗位上发光发热的小人物。而且，他的职业还是许多人看不起或者嫌弃的掏粪工，但是他的精神却影响了一代又一代的国人，他就是著名的劳动模范时传祥。

时传祥的老家在山东。14 岁那年，为了逃荒才来到了北京城。大字不识，也不会什么技术的时传祥，只能当掏粪工来养活自己。中华人民共和国成立后，他加入了北京崇文区清洁队，继续当他熟悉的掏粪工。

当时，为了体现对清洁工的尊重，北京市政府规定清洁工的工资高于其他行业。普通的工人工资平均是 40 元左右，而时传祥当掏粪工每个月能拿到 50 元。并且，为了减轻掏粪工的劳动强度，政府还将他们的运输工具都换成了三轮车。

待遇改善了之后，对待本职工作本就认真负责的时传祥，更加敬业。为了合理分配工时，他将每班 7 小时改成 5 小时。每班的人背的粪桶从 50 桶增加到 80 桶，而时传祥自己则背 90 桶。这个举措不仅提高了工作效率，也美化了社区环境。

　　当时的厕所不像现在这样方便，上完厕所用抽水马桶一冲就行了。那时候居民家里都是用茅坑。一个低矮的房子里，用砖头砌出一个坑来，下面放上一口大缸，就成了茅坑。茅坑满了之后，就要把里面的粪掏出来，集中处理。时传祥要做的工作正是掏粪。

　　身为掏粪工的时传祥对于自己的本职工作非常认真，从不敷衍。为了干好这一份工作，他还动了不少脑子。

　　北京的人口密度大，有时候茅坑满得特别快。粪便溢出来以后，气味很难闻。时传祥见到这样的茅坑，就自己动手，把茅坑的砖头往上再砌几块。茅坑里掉进了瓦片，他也用手一块块捡起来。不管坑多深，他都想方设法把茅坑掏干净。

　　除了本职工作，他还义务做了很多事。每逢公休的时候，他就自发地去清理居民和学校等地方的厕所。哪里需要掏粪，从来不用别人吩咐，他自己就去了。

　　长期的掏粪工作让时传祥背粪桶的肩上磨出了厚厚的老茧，但是他的辛劳换来的是无数个社区的干净整洁。因此，他得到了很多荣誉，也得到了人们的尊敬。

　　1959 年，时传祥被选为全国劳动模范。后来，他又作为先进工作者去参加"群英会"。时任国家主席刘少奇还接见了他，亲切地握着他的手说："你当掏粪工，我当国家主席，都是为人民服务。革命不分贵贱，只是分工不同。"从此，时传祥的名声传遍了全国。

　　《人民日报》和中央人民广播电台都对他的事迹作了报道，并号召大家学习他不怕脏不怕累、爱岗敬业的职业精神。为了学习他的精神，北京市不少大学生都跑去拜他为师，跟他学习掏粪技术。当时北京市的副市长，也背起粪桶，跟着时传祥学习过背粪。

　　1975 年，时传祥在北京病逝，享年 60 岁。

　　曾经有人问过时传祥："你每天掏粪，不觉得脏，不觉得臭吗？"时传祥回答说："粪嘛，哪有不臭的。可是我一人嫌脏就有千人受脏，我一人怕臭就有百家闻臭。我脏只脏我一个，我怕脏就得脏一街。想想这个，我就不怕脏了。"

正是这种"脏一人净万家"的精神,被时代所传扬,被后世所铭记。而这一个普通掏粪工人的平凡一生,也因为这句话变得璀璨起来。

张秉贵：一团火，九州闻

人物名片

张秉贵(1918—1987年)，王府井北京市百货大楼糖果柜台售货员，在平凡的岗位上贯彻了"为人民服务"的精神，使"一团火"的精神传遍中国。1979年被评为全国劳动模范。

太液秋风、琼岛春阴、金台夕照、蓟门烟树、西山晴雪、玉泉趵突、卢沟晓月、居庸叠翠是有名的"燕京八景"。北京作为一个传承数千年历史的古都，它的魅力在新时代也依然不减分毫。但是，现在很少有人知道的"燕京第九景"，是一个叫张秉贵的售货员。

1918年，张秉贵生于一个贫寒的农民家庭。为了维持生计，10岁的张秉贵不得不出去打工谋生。17岁时，他在一家杂货店当学徒。旧社会的学徒是受剥削的阶级，经常拿不到工资还要挨打。张秉贵在这里饱受苦难。

有一次，店里没有什么客人，掌柜便躺下休息，让张秉贵为他捶腿。张秉贵小心翼翼地捶着。后来，他看见掌柜没什么动静了，于是停了下来，想舒展一下累了一天的筋骨。结果掌柜根本没有睡着，发现他偷懒，一脚踢在了张秉贵身上。

还有一次，张秉贵在店里卖东西。远远地走来一个国民党的兵痞，流里流气的，吆喝着让张秉贵给他拿个冰棒。张秉贵不敢违抗，转身去拿冰棒。回到柜台前的时候，那个兵痞接过冰棒，不但没有付钱的意思，还嫌他拿得慢了，一拳打在了张秉贵身上。

这一拳一脚深深打在了张秉贵的心上。新中国成立后，张秉贵积极参加工会组织，帮助店员维护权利。这次翻身做主人的经历，让他把对新中国的无限热爱，积极投入到了工作之中。

1955年，被称为"新中国第一店"的王府井北京市百货大楼开业。有着丰富售货经验的张秉贵被录取，成为一名柜台售货员。

张秉贵很简朴，但是每次上班都会把自己的头发和衣服打理得整整齐齐再出门。一般的售货员在早上的时候精神饱满，到了下午快关门的时候，精神就容易懈怠，产生疲劳心理。但是张秉贵不会，他全天都能让进来买东西的顾客如沐春风。

那时还是计划经济年代，百货大楼经常排起长龙。而张秉贵负责的糖果柜台，更是极受欢迎。人多了之后，顾客经常因为等待时间过长而产生焦虑和不满。为了缩短顾客的等待时间，张秉贵开始想办法。

张秉贵从长期的售货生涯中总结出了"一抓准"和"一口清"的绝活。所谓"一抓准"，就是他不用称重，顾客要几斤几两，他用手一抓就行，重量一点都不会差。而"一口清"则是结账的时候，顾客应付的钱，他用极短的时间就能算出来。这样，顾客的等待时间就大大缩短了。

不仅如此，仔细研究了顾客心理的他，还总结出了"接一、问二、联三"的方法。在接待第一位顾客时，他同时会跟第二位顾客打招呼问好，然后用眼神示意第三位顾客。这样下来，谁都不会有被冷落的感觉，都能感受到他的热情。

但是，他最为人称道的反而不是这些技巧，而是他的服务精神。他在百货大楼的柜台站了30多年，从来没跟顾客发生过争吵。他始终热情对待顾客，让每一位顾客都感受到他如火的热情。久而久之，他的精神就被概括为"一团火"，和他的"一抓准"、"一口清"一起被口口相传。

后来，张秉贵的名声大了起来。赶来看他售货表演的人，将百货大楼的玻璃都挤碎过。走在街上，有人跟他打招呼；坐车的时候，有人给他让座；去澡堂洗澡的时候，有人给他搓背；生病了，来看望他的人络绎不绝，甚至还包括了国家领导人。一名普通售货员，能得到这样的待遇，实属罕见。

伴着他的付出，荣誉也纷至沓来。1957 年他被评为北京市劳动模范。1978 年，他被评为北京特级售货员。1979 年，他被评为全国劳动模范。这些荣誉，在一个小人物身上，却丝毫不违和。"一团火"的服务精神，真的如一团火一般烧遍了神州大地。他不止是"燕京第九景"，更是属于那个时代的，一道亮丽的风景线。

孟泰：爱厂如家，无私奉献

人物名片

孟泰(1898—1967年)，是新中国成立后第一代全国著名劳动模范，鞍钢工会副主席。在恢复和发展鞍钢生产中做出了重大贡献，成为20世纪五六十年代誉满全国的钢铁战线的老英雄。

1948年，辽沈战役结束。战争给东北留下的，是千疮百孔的土地和工厂。从此，东北进入大规模经济恢复和建设的新时期。这年冬天，孟泰跟着解放军回到自己工作过的鞍钢，却几乎不认识了。原来国民党军队在撤退时，将能带走的东西都带走了，带不走的也都进行了破坏。如今，鞍钢只剩下了一个空壳。

对鞍钢怀有深厚感情的孟泰，看着眼前的一片狼藉，下定决心要恢复鞍钢的原貌。由于刚刚解放，这里物资紧缺，想要短时间内恢复生产，不是一件容易的事。

焦虑的孟泰围着鞍钢转了一圈，却发现了许多破损不是很严重的零件。于是孟泰弯下腰，继续在废墟中寻找。此后，他在鞍钢几十里的厂区中，用自己的双手，挖出了越来越多的零件。他把捡来的零件都堆放在一个简陋的房子里。随着房子里的零件越堆越多，"孟泰仓库"的名声也越来越响。

后来，他捡来的这些零件，成为了修复高炉的重要部分。

等到零件捡得差不多了，他又开始了另一项工作。因为很多器材都放在角落里被人遗忘了，还有许多是国民党对器材进行破坏的时候被人藏起来的，现在就需要把它们找出来。孟泰四处打听，只要有消息就去寻找器材，不管多远他也要扛回来。在后来恢复生产的过程中，他的"孟泰仓库"起到了重要作用。因为都是自己捡来的，没有花国家的一分钱。

1950年，朝鲜战争爆发。为了保护辛辛苦苦才恢复的鞍钢，孟泰加入了护厂队。每次防空警报一响，孟泰就拿着管钳在高炉旁保护高炉。而且，一旦高炉受损，他也能在第一时间修复高炉。

有一次，一座高炉发出了奇怪的响声，孟泰很快意识到高炉出了问题。浓浓的硫酸味冒出来，很多人都不敢靠近。孟泰为了找出问题，拎着管钳就上去了。终于，他在摸索中发现了高炉的问题，原来有一处钢板烧穿了，里面高温的铁水流出来，和外面的冷却水相遇，就发生了爆炸。爆炸还在持续着，孟泰不顾自身安危，及时关闭了冷却水的开关。

60年代，中苏关系恶化，苏联除了撤走所有支援中国的专家，还拒绝对中国供应大型轧辊。而当时的中国，还没有成熟的大型轧辊制作技术。于是，孟泰组织了一部分员工，攻克了这一技术难题。在研制的过程中，孟泰自己设计制造成功的双层循环水，给冷却热风炉燃烧筒提高了100倍寿命。

除了爱厂如家，孟泰对待厂里的员工，也和对待家人一样。三年自然灾害期间，食物严重缺乏。看着大家面黄肌瘦的样子，孟泰心里非常难受。一天，他牵了两头猪进来，让厨房杀了给大家改善伙食。他没有告诉大家的是，这是他家里用野菜喂了很久才养大的猪。他没有留给家人，反而是分给了厂里的员工。

还有一次，医院的床位严重缺乏，许多职工为了等待一个床位而耽误了治疗。于是，孟泰自掏腰包，买了一些废钢铁，然后召集一些年轻人，自制了一批铁床，医院床位不足的情况有所好转。

后来孟泰当了干部，但是一点干部的架子都没有。因为时刻关注着鞍钢的发展，关注着职工的情况，他被称为"身不离劳动，心不离群众的干部"。

1967年，孟泰在北京病逝。根据孟泰的先进事迹，鞍钢概括了"艰苦奋斗，爱厂如家，无私奉献，为国分忧"的孟泰精神，号召大家向孟泰学习。孟泰的事迹传开以后，他成为了那个时代的精神偶像之一。时至今日，孟泰精神仍在激励着我们，启示着我们，在新的时代绽放出新的光芒。

王崇伦：走在时间前面的人

人物名片

　　王崇伦(1927—2002年)，全国著名劳动模范。曾任鞍钢工会主席，中华全国总工会副主席，哈尔滨市委副书记。是"一五计划"时期出现的革新能手，被誉为"走在时间前面的人"。

　　1953年，新中国第一个五年计划开始实施。五年计划的各事项都是按照当时中国的国情制定的，计划完成时间均在五年以内。没想到，就在当年，一个工人用一年时间就完成了他的五年计划。《人民日报》为此发表了专版文章，号召大家向他学习。也正因如此，他被称为"走在时间前面的人"。

　　这个人就是王崇伦，1949年进入鞍钢轧辊厂工作。因为原来有过相关的工作经验，王崇伦成了当时鞍钢为数不多的年轻高级技工之一。

　　1952年，抗美援朝战争如火如荼地进行着。鞍钢的工具车间接到了中国人民志愿军的一个紧急任务——制造飞机副油箱拉杆。由于任务十分紧急，整个车间的人接到任务之后都用最快的速度开始加工。但是，这样的速度仍不能确保按时完成任务。王崇伦在一旁琢磨。琢磨了半天，他研制出来一个用刨床加工拉杆的特殊卡具。这个卡具比原来的工作效率提高了二十几倍，大大加快了加工速度，车间圆满地完成了任务。

　　此后的一年间，王崇伦凭借自己的技术和创造性思维，革新了7种工具卡具，成为厂里有名的革新能手。

　　1953年，第一个五年计划实施，鞍钢的矿山建设计划有条不紊地进行着。此时有一个难题摆在了鞍钢人面前。开采矿山时，凿岩机上的卡动器磨损相当厉害，一旦卡动器消耗完了，开采工作就只能停止。因此，为加快进度，厂里命令王崇伦所在的车间加紧制造卡动器。

车间接到任务，很快开工。卡动器虽然不大，但是流程繁琐，精度要求也高。加工卡动器时，第一道工序的车床加工只需要45分钟，而第二道的插床加工却需要一两个小时。最困难的是，整个车间只有一个插床。所以，加工卡动器的效率十分低下。

这时，王崇伦又开始思考怎么解决。很快，他想到用刨床代替插床的办法，并特制了一个工具胎。他将自己的想法画在图纸上，拿给领导看。领导觉得有戏，就下令开始试行。

当王崇伦将自己特制的工具胎安在刨床上之后，一种大家从没见过的卡动器加工过程开始了。在众人期盼的眼神中，负责计时的人最后宣布，整个卡动器的加工过程只花了45分钟，而且，原来每加工一个卡动器，都需要换一个卡具，现在用王崇伦的工具胎，就完全不需要换卡具了。明白了这个工具胎作用的众人欣喜若狂，开始为这个工具胎起名字。最后，在大家的商议下，它被命名为"万能工具胎"。

王崇伦没有满足眼前的成功。此后，他又不断改进工具胎，使得加工时间越来越短，最后缩减到了19分钟。在车间的众多成就，也让王崇伦的知名度越来越高。因为在钢铁领域的突出贡献，他多次受到国家领导人的接见。

1960年代，苏联撕毁条约撤走专家，并停止了对我国大型轧钢机轧辊的供应。鞍钢的各轧钢厂全面停产，对鞍钢造成了不小的打击。在没有经验可循的条件下，王崇伦找到鞍钢老一代的劳模孟泰，两人志愿组织了一批技术人员，对这一技术进行攻关。经过一年的时间，最终研制出了我国自己的大型轧辊，成为我国冶金史上的一个里程碑。

王崇伦和他的技术协助小队，解决的鞍钢的各项技术问题不计其数。别的地区和工厂听说后，还专门邀请他们去排忧解难，攻克技术难关。

"文革"期间，王崇伦被牵扯其中，遭到批斗。在被关押的日子里，他依然不忘进行技术革新，为中国工业发展出一份力。"文革"结束后，他又带队对鞍钢的主体生产设备进行了大规模的维修。原计划 12 天完成的任务，在王崇伦的领导下，提前 4 天完成了。

2002 年 2 月 1 日，王崇伦在北京去世。这位一生都致力于"走在时间前面"的人，终究被时间抛下了。他鞠躬尽瘁，不断进行技术革新的事迹和精神，仍在神州大地传颂着。

向秀丽：一身正比泰山重

"向秀丽，顶呱呱，熊熊烈火也不怕，英勇牺牲为国家。"

这一段颇具年代感的童谣，歌颂的是那个不顾一切扑向火源的革命烈士，那个将集体安危摆在个人安危之前的普通工人，那个被后世学习传颂的杰出榜样。

1933年，向秀丽出身于广州一个贫困的工人家庭。那是一个动乱的年代。当战火烧到这里的时候，年仅5岁的向秀丽只得跟着家人逃难。11岁的时候，向秀丽就到了私营和平制药厂当童工，给家里挣钱补贴家用。

1949年后，中国共产党派出了工作队来到厂里做工人的思想工作。接受了马克思主义思想之后，向秀丽第一个加入了工会。被选为女工委员之后，因为工会的事情影响了劳动日生产，她的工资降低了不少。组织上准备照顾她，她却拒绝了，说工会是为大家服务的，再困难也得做好。

1956年，和平制药厂和何济公制药厂合并，向秀丽被分配当包装工人。1958年，"大跃进"运动兴起，制药厂决定放开手脚，试制各种新的药剂。

其中，有一个叫做甲基硫氧嘧啶(简称"甲基")的药剂，工序复杂，配料中包含的易燃易爆危险品也多，这对工人的要求很高。为此，领导在工厂挑选了一批优秀工人参与到这个小组来研发新的药剂。

"甲基"的制作技术比较难以掌握，而向秀丽又是一个没怎么上过学的人，这对她是一个不小的考验。为了尽快掌握这项新的技术，她挤出时间尽心钻研，遇到不懂的就向同事请教。她终于熟练地掌握了技术。

12月31日这天晚上，制药厂里灯火通明。向秀丽正好在这一天当班。看见同事在吃力地倒酒精，向秀丽便走过去帮忙。她们将酒精倒在了量杯里，然后再倒进煤炉上的容器里，和其他的成分一起加热。

向秀丽和同事默契地一个倒酒精，一个放到容器里加热，分工合作，进展得很顺利。突然，一个酒精瓶子被两人不慎打翻，摔落到地上，发出了一声清脆的响声。

酒精泼洒到地上，接触到煤炉的高温之后，迅速燃烧，火势很快蔓延开来。这时周围的人也发现了这一状况，有的人组织工人撤退，有的人提水灭火。

向秀丽注意到了角落的四个箱子。那是四箱金属钠。通过这一段时间的学习，向秀丽不再是原来那个什么都不懂的包装女工了。她知道，金属钠是易燃易爆的物品，如果让这60多公斤的金属钠全部爆炸，那么整个工厂可能保不住。

"不行，不能让酒精接触到金属钠！"

这是向秀丽脑子里唯一的念头。在大家还没有反应过来的时候，向秀丽已经扑到了燃烧的酒精上。她用尽全力，四处翻滚，没有让酒精继续蔓延。但是酒精很快浸透了她的衣服。接着，她的头发、上衣还有裤子全都燃烧了起来。她整个人，就像在火海中翻腾一样。

"别管我，快去找人灭火！"这是向秀丽昏迷前说的最后一句话。

由于向秀丽当机立断进行了扑火，火势没有蔓延，工厂也没有发生爆炸。

1959年1月15日，因伤势过重抢救无效的向秀丽光荣牺牲，年仅26岁。她牺牲后，被广州市政府追认为革命烈士。

经过《广州日报》的报道后，向秀丽的事迹很快在全国范围内传开，社会上掀起了一股向向秀丽学习的热潮。党和国家领导人林伯渠、董必武等人都为她写诗题词。其中林伯渠的诗中这样写道：

磊落光明向秀丽，扶危定倾争毫厘；
一身正比泰山重，风格如斯世所师。

赵梦桃：劳模精神代代传

人物名片

赵梦桃（1935—1963年），西北国棉一厂细纱挡车工。是1956年和1959年全国劳动模范，并两次被授予全国先进生产者荣誉称号。

走进陕西风轮纺织股份有限公司的车间，可以看到不少女工在忙碌着。当目光巡视一圈之后，很容易就被一组女工吸引过去，她们手脚麻利，团结友爱；她们士气高昂，精神饱满。她们是"赵梦桃小组"。但是，她们中，却没有一个叫赵梦桃的人。

自1963年赵梦桃去世以后，当时还叫西北国棉一厂的纺织厂将"赵梦桃小组"传承了下来。在赵梦桃精神的鼓舞下，小组里的每个人都干劲十足，每个人都奋勇争先。

1935年，赵梦桃出身于一个贫苦农民家庭。那时候穷人家的孩子很小就要出来打工，赵梦桃也不例外。因为家里穷，她的大哥和小妹都相继因病去世了。父母辛辛苦苦挣着一点血汗钱才把她拉扯大。后来，父亲也在病中抛下了她们母女两个。从此，她跟母亲相依为命。

1949年，赵梦桃进入西北国棉一厂，成为一名纺织女工。童年受尽了磨难的她，特别珍惜这份来之不易的工作和生活。

赵梦桃每天努力工作，并且严格要求自己，工作做得又快又好。她的时间观念特别强。在挡车的时候，同样的工作，别人需要3~5分钟来完成，而赵梦桃则只需要不到三分钟。有时候去喝口水或者上个厕所，都是跑着去。

她的努力终于换来了回报。在学习"郝建秀工作法"的毕业典礼上，她以优异的成绩获得了第一名，获得了"先进工作者"的称号。后来，她还作为厂里的代表，出席了全国纺织系统劳模大会。

虽然对自己要求严格，她对同小组的人却非常友善，能帮就帮。有一次，一个同事的机车坏了，运行起来特别慢，耽误了生产进度。赵梦桃看见后，就主动跟同事换了，让同事完成了生产任务。而她自己，因为手脚麻利，也没有耽误工作进度。

在赵梦桃的帮助下，整个小组的生产效率都很高。赵梦桃被评为全国劳动模范之后，她领导的小组也被评为了全国先进集体。同时，在她的帮助和感染下，同车间还有十多人被评为了先进生产者。

1962 年，厂里为了提高生产质量，要求细纱工序里的条干均匀度要保持一致。赵梦桃接到通知后，并没有埋头苦干，而是潜心研究。她先是吸取了其他纺纱能手的经验，又自己钻研，最终摸索出了一套清洁检查操作法。按照她的方法，细纱车的清洁状况比原来好了很多，断头的现象也明显减少。

厂里派人将她的方法全厂推广，以提高细纱的生产质量。后来，她的这套方法还在全省推广。

由于长时间的超负荷工作，赵梦桃的身体垮了下来。1963 年，她因为肺部患病住院接受手术。但是习惯了忙碌的赵梦桃根本闲不下来，病情稍微好转一些以后，她就在病房里开始"折腾"。

护士进来的时候吓了一跳，原来刚刚能下地走动的赵梦桃自己打水洗脚。此后赵梦桃更是一发而不可收拾，把医院当成了厂房。这个护士需要帮忙，她就去帮一把。那个病人起不了身，她也去搀一下。她还帮护士们输液、打扫病房，帮助病人打水、换衣服。有护士劝她休息，她就说："我能动，就要干。"护士拗不过她，也就随她去了。

6 月 23 日，病房里再也没有了勤快热心的赵梦桃的身影。她沉睡之后，再也没有醒来。年仅 28 岁的她过早逝去，让无数人为之动容。

　　虽然赵梦桃人已不在，但是赵梦桃小组却保留了下来，一直延续到现在。在此后的几十年间，由一批批新生力量组成的赵梦桃小组获得了无数荣誉和奖章，这是对赵梦桃最好的纪念。

袁隆平：世界杂交水稻之父

人物名片

　　袁隆平(1930—　　)，中国杂交水稻育种专家，中国研究与发展杂交水稻的开创者，被誉为"杂交水稻之父"。2000年，袁隆平因为杂交水稻的技术发明，获得国家最高科学技术奖。

　　1960年的自然灾害，给中国带来了严重的饥荒。当时正在湘西雪峰山麓安江农校做教师的袁隆平，目睹了一位大叔饿倒在山埂上。那人明明是在慢慢地走，结果谁能想到，下一秒就软绵绵地倒下去了，走近一看，一个大活人就这么断气了。这引发了青年教师袁隆平的深思。

　　袁隆平最开始在重庆北碚夏坝的相辉学院农学系读书，后进入西南农学院农学系农作物专业学习。1953年7月，他毕业于西南农学院农学系，同年8月被分配到一所普通的农校教书。

　　60年代的中国是农业大国。当时的中国刚刚建国不久，农业生产力严重不足，饥饿对人们的威胁存在于全国各地。三年自然灾害期间，粮食减产，饿死者不计其数，全国性的大饥荒使袁隆平认识到高产水稻的重要性。于是，袁隆平一头扎进了实验之中。

　　袁隆平在学校一边做教师授课，一边做学者搞研究。他在无数的水稻品种中筛选具有优异性状的品种。1964年，袁隆平从学校的试验田里发现了一株天然杂交稻种，经人工授粉，结出了数百粒第一代雄性不育株种子。1965年7月，袁隆平又在1400多个稻穗中逐穗检查到6株不育株，并在此后两年的播种中，共有4株成功繁殖了1~2代。袁隆平对这株天然杂交种的研究，彻底改变了大众农学家对水稻的认知，颠覆了无性杂交学说。大家开始预测，水稻是有杂交优势的。1966 年袁隆平发表了他的第一篇论文《水稻的雄性不孕性》，引起社会的高度重视，国家大力支持袁隆平的研究，指出其意义重大之处。然而，1966 年 5 月，"文化大革命"爆发，袁隆平水稻方面的研究被迫停止。

心有不甘的袁隆平又起草了《安江农校水稻雄性不孕系选育计划》，强调了这项研究对我国农业的紧迫性，并呈报黔阳地区科委。终于在 1967 年的 6 月，水稻雄性不育科研小组成立了，袁隆平得以继续进行研究。但好景不长，第二年五月，在那样一个混乱的年代，试验田被人为破坏，一大片水稻苗被毁。袁隆平悲愤交加，他想质问那些幼稚的人，这样一项利国利民的实验，碍了他们什么事？然而，他终是什么也不能问，只是默默地从田地里找回了 5 根还算完好的秧苗，继续着他的水稻研究。为了缩短试验的时间，增加每年的试验收获次数，他还带队前往气候炎热的海南繁育水稻。

经历了一系列的磕磕碰碰，经历了多次失败的懊恼，又体验了一次次实验进步的喜悦，终于，1974 年，第一株优秀杂交水稻实验成功了。而后，袁隆平紧锣密鼓地又开始着手研究杂交水稻制种技术，发誓要把高产水稻种满全国乃至全世界。

1976 年，在袁隆平实验的稻田里，杂交水稻长得愈来愈旺。袁隆平团队欣喜万分，在全国开始了杂交水稻的推广。实验结果是可喜的，208 万亩杂交水稻试种田，每一亩的粮食产量都增加了 20% 以上。1981 年 6 月，袁隆平来到北京，获得了迄今为止唯一一个特等奖发明，被誉为"杂交水稻之父"。

随着袁隆平名声大噪，杂交水稻技术也开始急速推广。到 1998 年，全国一半以上的稻田都在种植杂交水稻，袁隆平被农民们亲切地称为"米菩萨"。

袁隆平用自己的知识与不懈努力解决了粮食的产量问题，并将技术扩展到全世界。如今，袁隆平已经不再是中国的袁隆平，他更属于世界，属于整个人类。袁隆平的杂交水稻被全球 30 多个国家青睐，种植面积达 3000 多万亩。袁隆平多次赴世界各国指导推广杂交水稻，为 20 多个国家培训了 300 多名农业技术骨干。

曾经的梦想已经成为现实，杂交水稻之父也已经老去，但是这位从未服输的东方魔稻师又有了新的梦想。他说他曾两次梦见水稻长得比高粱还高，稻穗像扫帚那么长，稻粒像花生那么大，而他则在稻穗下面乘凉。这便是"水稻似高粱，禾下可乘凉"诗句的由来。如今，这夸张的禾下乘凉梦正在逐渐走向现实。